ESPAÑA

LA PRIMERA GLOBALIZACIÓN

Penguin
Random House
Grupo Editorial

Primera edición: noviembre de 2022

© 2022, José Luis López-Linares
Coordinación y edición: Mariana Gasset y Paula Fernández de Bobadilla
Diseño y maquetación: Inés Atienza
© 2022, Penguin Random House Grupo Editorial, S. A. U.
Travessera de Gràcia, 47-49. 08021 Barcelona

Printed in Spain – Impreso en España

ISBN: 978-84-01-03027-7
Depósito legal: B-16690-2022

Impreso en Gómez Aparicio, S. L.
Casarrubuelos (Madrid)

L030277

ESPAÑA

LA PRIMERA GLOBALIZACIÓN

José Luis López-Linares

PLAZA JANÉS

Índice

Agradezco a la editorial Plaza & Janés y al director de cine José Luis López-Linares que me hayan invitado a escribir este prólogo para un libro que lleva el mismo título que el documental en el que participé junto a otros historiadores y expertos. Muchos de ellos hubieran podido cumplir con este cometido y estoy segura de que lo hubieran hecho complacidos. En cierto modo les represento aquí.

Al comienzo de uno de los libros que impulsaron el concepto de primera globalización, *Les quatre parties du monde. Histoire d'une mondialisation* de Serge Gruzinski (2004), el autor francés cuenta una anécdota que es mucho más que eso. Se trata de uno de esos hechos menores que implican a medio mundo, esto es, de un ejemplo absolutamente incuestionable de globalización.

En el otoño de Nueva España, Domingo Francisco de San Antón Muñón Chimalpahin Cuauhtlehuanitzin, noble chalca, informa en su periódico de que ha llegado a México el 8 de septiembre de 1610 la noticia del asesinato de Enrique IV de Francia sucedido el 14 de mayo de ese mismo año en París. El magnicidio había conmocionado a toda Europa y era, evidentemente, una noticia sensacional. La muerte de un rey, y más en estas circunstancias, siempre lo es. Pero, antes de avanzar en esta historia, primero pongamos en contexto la figura de Chimalpahin.

La confederación chalca o Chacayotl comprendía varias ciudades al sur del valle de México, que opusieron una resistencia tenaz frente a los aztecas, siendo uno de los últimos pueblos en caer derrotados en 1465. El cronista chalca escribe casi toda su obra en lengua náhuatl. Los originales de sus obras, por casualidades de la vida, se encontraban en París hasta 2014, fecha en que se devolvieron a México. Su trabajo y su existencia estuvieron absolutamente olvidados durante siglos. En las últimas décadas afortunadamente han comenzado a editarse y conocerse sus textos. Es, sin duda, uno de los iniciadores del periodismo en América y un pionero con mayúsculas.

Este hecho que se resume en pocas líneas ejemplifica a la perfección la globalización del mundo: un noble chalca que tiene un periódico en un continente distinto al europeo y que escribe en lengua náhuatl con caracteres latinos la noticia del asesinato de un rey francés a los pocos meses de haberse producido. Gruzinski podía haber elegido también la crónica de Chimalpahin sobre la embajada japonesa que llega a México en 1614 y a la que el historiador León

Portilla dedicó una investigación. Tan solo unas décadas antes estos hechos no se habrían producido. Para que la existencia de estas crónicas se hiciera posible, fue necesario como mínimo que Colón topase con América en su trayecto hacia Asia, que Elcano diese la vuelta al mundo y demostrase que todos los mares están interconectados y que Urdaneta descubriera cómo ir desde Asia hasta América: el tornaviaje.

El camino que lleva hasta el aristócrata chalca Chimalpahin, que escribe en náhuatl usando el alfabeto de los romanos, no ha sido fácil y no se hubiera descubierto si los ibéricos, tanto españoles como portugueses, constituidos en la vanguardia de Occidente, como pensaba Toynbee, no se hubiesen echado a los mares dispuestos a abrir nuevas rutas. La competencia entre ellos explica en gran medida el modo en que se desarrollaron estas exploraciones que terminaron dibujando sobre el planeta Tierra sus coordenadas geográficas definitivas. Quiere decirse que el mundo no ha cambiado de tamaño desde que Juan Sebastián Elcano lo midió. Lo de la medida es importante, pues había extraviado a muchos hombres capaces. Así, por ejemplo, Colón estaba equivocado sobre el tamaño del mundo y Magallanes también.

Para comprender la globalización hay que entender cuáles son las condiciones y las razones que explican la expansión de los reinos ibéricos y, con ellos, de Occidente, es decir, por qué se produce en ese momento concreto, y no antes o después. Y esto es imprescindible, porque cuando los cambios históricos se despojan de su contexto explicativo y se aíslan de su entorno, se transforman en realidades absurdas al modo de globos que anduvieran flotando por los aires sin ton ni son. Aquí, en España, ya hemos tenido mucha visión autárquica y excepcionalista de la historia. Las consecuencias de esto nos salen al paso cada día y se manifiestan en una incapacidad casi secular para ubicarse en el mundo, con todo lo que eso supone de fragilidad en el presente.

La expansión de los reinos ibéricos empieza con Portugal y Aragón. Castilla lo hará mucho más tarde. Tiene que ver con dos hechos geoestratégicos muy importantes: el fin de la Reconquista y los cambios en el comercio de las especias.

El proceso lo inicia Aragón en tiempos de Pedro III y tiene su apuesta más arriesgada en la incorporación de Sicilia tras la expulsión de Carlos de Anjou, de la dinastía angevina, en el episodio que se conoce como Vísperas sicilianas en 1282. Desde allí hasta Malta y hacia el Oriente mediterráneo, los fieros almogávares van imponiendo el dominio de su rey.

Tras la toma de Faro (1249) por Alfonso III, Portugal se convierte en el primer reino ibérico en acabar su Reconquista. Pero es un siglo y medio después, con la llegada al trono de la casa de Avis y Enrique el Navegante (1394-1460), cuando Portugal comienza una expansión sistemática y organizada. El ejemplo exitoso de Aragón invita a los lusos a ello. Hasta entonces los intentos han sido limitados pero interesantes. Tras la muerte de Juan I, primer monarca Avis de Portugal, su hijo Enrique recibe de su hermano mayor, el rey Eduardo I, un quinto de los beneficios que genere el comercio con los nuevos territorios y el derecho a explorar más abajo de Cabo Bojador, en la costa del Sahara occidental, uno de los lugares que marcaban el fin del mundo conocido. Lo que Enrique recibe es muy valioso en este momento, porque Portugal ha conquistado Ceuta en 1415; Madeira, a partir de 1418; Azores, a partir de 1426...

Las exploraciones portuguesas en la costa africana comienzan a dar magníficos frutos. Llegan los primeros esclavos negros y allí también se consigue oro, marfil y otros productos de gran valor. Enrique demuestra con creces que la inversión en exploración merece la pena.

Pero todo cambia radicalmente en 1453, cuando un suceso importantísimo marcará la historia de la Cristiandad oriental y occidental: la caída de Constantinopla en manos de los turcos. A partir de este momento el precio de las especias y de los productos con los que tradicionalmente se comerciaba con Oriente se dispara. Los turcos controlan todos los itinerarios, bien por tierra a través de la ruta llamada de Marco Polo o de la seda; bien por mar a través del Índico, luego el Mar Rojo y finalmente por tierra hasta Alejandría. Si no lo hacen ellos directamente, lo hacen sus aliados. Este es el empujón definitivo para Portugal.

Castilla no tiene ni una fachada atlántica como Portugal ni una mediterránea como Aragón y se encuentra en clara desventaja con respecto a sus dos vecinas ibéricas. Ni ha acabado su reconquista ni ha atinado a salir de la península y no ha podido más que ir hacia Canarias, y esto casi por gentileza de los portugueses.

Pero Castilla y Aragón se ven impelidas a reaccionar a partir de la toma de Otranto por los turcos en Italia. El desembarco turco y la ocupación de la ciudad a quinientos kilómetros de Roma provocan una auténtica oleada de pánico no solo en Italia. Se disparan todas las alarmas y la situación obliga al rey Fernando a un esfuerzo bélico sin precedentes para expulsar a los turcos de suelo italiano. Castilla y Aragón actúan entonces como una unidad política. Inmediatamente después de la expulsión de los turcos de los reinos aragoneses en 1481, comienza la guerra de Granada, porque los reyes Isabel y Fernando saben que si los turcos desembarcan en el sur de ambas penínsulas posiblemente no puedan hacer frente a la situación. No es un escenario sencillo mantener dos guerras consecutivas en dos penínsulas distintas y solo la colaboración entre ambos reinos hace posible el éxito.

En ese momento Colón aparece y ofrece a los reyes una alternativa a la ruta portuguesa para comerciar con la especería y con Oriente sin colisionar con Portugal. Este importante hecho determinará toda la expansión de Castilla: la competencia con Portugal y el intento de evitar una guerra en ese frente, teniendo ya tantas dificultades en el Mediterráneo oriental y el norte de África.

A partir de 1492 (con Colón) y hasta 1565 (con Urdaneta) se suceden las exploraciones hacia el Occidente para llegar a Oriente. Se cosechan una cantidad increíble de fracasos, lo que hace casi inverosímil que aquel proyecto se mantuviera durante tres cuartos de siglo sin desfallecer.

El proceso de globalización hispana no puede separarse ni de su primer contexto, la expansión ibérica, ni del segundo, la expansión de los europeos por el mundo. Si se aísla de las circunstancias, como diría Ortega, se vuelve ininteligible. Por más que este aislamiento autárquico haya sido una tradición en la historiografía, lo cierto es que el cultivo del excepcionalismo no contribuye más que al desconcierto y la incomprensión. Por eso me he detenido aquí en explicar las condiciones históricas que primero empujaron y luego hicieron posible la expansión de los reinos ibéricos. Más tarde vinieron el resto de los europeos: ingleses, franceses y holandeses, principalmente, tras el descubrimiento de América. No detallaré aquí las oleadas sucesivas que hicieron de la cultura judeocristiana y grecolatina occidental la *koiné* del mundo.

Ahora bien, durante más de dos siglos el resto de los europeos solo pudieron expandirse por los resquicios que dejaron sin cubrir España y Portugal que, con el Tratado de Tordesillas (1494), se repartieron el mundo y consiguieron mantener su poder durante siglos, principalmente porque no guerrearon entre sí, es decir, se respetaron las zonas de influencia, como hicieron Estados Unidos y la URSS durante la Guerra Fría.

El proyecto de conexión no solo con la especería sino también con los ricos mercados de Asia se mantuvo fracaso tras fracaso, desde Colón hasta Urdaneta, por un motivo muy simple: el comercio con Oriente era un negocio fabuloso. Piénsese en el viaje de los Polo, un periplo por tierra casi inverosímil que solo se justifica por los extraordinarios beneficios que comportaba.

Son más de quince (con o sin los cuatro viajes de Colón) las expediciones que se mandan con el fin de encontrar una manera de llegar a Oriente por Occidente. En ese empeño se descubre un continente, se le da la vuelta al mundo y se cartografían los continentes. En realidad, todo este proceso no es más que el resultado de saber digerir los fracasos, porque los viajes de Colón son un fracaso y, si se analiza bien, la expedición Magallanes también lo es. ¿Para que se envió aquella expedición? Para encontrar un paso que conectara el Atlántico y el Mar del Sur (luego océano Pacífico) con el fin de llegar a Oriente y al Moluco. Y el paso se encontró, pero como ruta comercial demostró ser absolutamente inservible. Dicho esto hay que explicar que el regreso de Elcano a Sanlúcar de Barrameda el 6 de septiembre de 1522 es de gran importancia no solo porque consigue dar la primera vuelta a la Tierra, un paso de gigante en la evolución del hombre con respecto a su relación con el planeta, sino también porque trae con él importantes conocimientos que cambiarán científica y comercialmente el mundo: cuál es el verdadero tamaño del planeta; la interconexión de todos los mares —fundamental en el proceso de globalización— y cuál es la posición real de unos continentes con respecto a otros. Y aún conlleva otra cosa más: beneficios económicos. La nao Victoria, cargada de especias, paga ella sola todo el gasto de la expedición y, además, genera ganancias. Por lo tanto: hay que seguir invirtiendo en esa ruta todavía sin construir hacia Oriente.

Pero la dificultad persiste mucho tiempo. Primero porque la exploración tropieza en medio de su camino con un continente cuya existencia se desconocía. En segundo lugar, el océano Pacífico y sus dimensiones casi inimaginables se convierten en un gran obstáculo. No es como los otros. Se trata de la mayor superficie de agua del planeta y su tamaño es casi la mitad del mundo. Vencer el Pacífico llevará varias décadas. Será el genio y la capacidad científica de Andrés de Urdaneta quien por fin lo logrará.

En el ínterin ya se sabe que el paso por el sur descubierto por Magallanes no sirve como ruta comercial. Cortés ya se había dado cuenta de ello y había comprendido que los barcos que debían navegar hacia Asia tenían que fabricarse en las costas americanas del Pacífico. El motivo es bastante fácil de explicar. Un barco que viene desde Europa ha tenido que atravesar el Atlántico y luego sobrevivir al infierno del Cabo de Hornos y, con todo ese deterioro encima, en el caso de que haya sobrevivido, afrontar la travesía del Pacífico. En tales condiciones sus posibilidades de éxito son muy escasas. Ninguna ruta comercial puede afianzarse si tiene que afrontar tantos riesgos. La solución es fabricar los barcos en la costa occidental de Nueva España. Así los navíos podrán salir al Pacífico, no ya castigados o muy dañados por una larga navegación anterior, sino en perfectas condiciones técnicas y bien abastecidos. Por todo eso los hermanos Alvarado, con el apoyo de Cortés, se ocuparon de iniciar la industria naval en el continente americano. Más tarde los barcos que llevará Urdaneta y que culminarán con éxito el primer tornaviaje de la historia se construirán en Puerto Navidad y luego en Acapulco. Con el tiempo esta industria se mudará a Manila cuyos astilleros llegaron a emplear ocho mil personas.

Las consecuencias de la conexión entre el Imperio Habsburgo y el Imperio Ming, los dos poderes más importantes del mundo en ese momento, cambiaron la historia. Sus efectos son todavía visibles, pero difíciles de comprender si se afronta la historia universal desde una perspectiva eurocéntrica y, en el caso de España, desde un rigorismo autárquico que resulta letal. Podríamos señalar muchos ejemplos, pero los dejaremos para otra ocasión.

En pocos años se suceden una serie de cambios veloces e importantísimos. La economía china viene arrastrando un problema con la moneda que dificulta las exportaciones y la recaudación de impuestos y que tiene que ver con la carencia de un circulante con valor intrínseco. Dicho en otros términos, los chinos no tienen plata para fabricar moneda y se ven obligados a importarla. Se trata del metal más adecuado para fabricarla, entre otras cosas porque es más abundante que el oro y su manipulación y endurecimiento para evitar falsificaciones ofrece mayores garantías. Esto era ya así en tiempos de los fenicios y los romanos. Para sortear esta dificultad los chinos habían inventado el papel moneda en tiempos de la dinastía Tang, una innovación que da idea de la precocidad del capitalismo chino cuando en Occidente todavía se trabajaba con dificultad con la letra de cambio. Ahora bien, el papel moneda es un circulante fiduciario, es decir, depende por completo de la confianza en el Estado o institución que emite la moneda. Suponemos que ese Estado o institución responde de que ese papelito, que es el billete, sea verdad. Este tipo de moneda no era aceptada fuera de China. A esto hay que añadir que fabricar ese papel moneda no era sencillo si se quería evitar la falsificación. Por lo tanto, el billete no servía para el comercio al por menor. Es decir, nadie iba a comprar un kilo de arroz con un billete. Para el comercio cotidiano se usaban largas ristras de monedas de cobre o bronce que tenían un boquete en el centro y se enlazaban por medio de un cordel.

En estas condiciones el cobro de impuestos era dificultoso. Los problemas con el circulante hicieron que el gobierno chino aceptara el pago de impuestos por medio del trabajo (un sistema semejante a la mita incaica) o en especie. Si, por ejemplo, alguien debía pagar impuestos por valor de cien sacos de arroz, podía efectivamente hacerlo entregando a los agentes de recaudación cien sacos de arroz. Pero también podía trabajar para el Estado un tiempo equivalente al valor de esos cien sacos de arroz. Estas dos posibilidades eran caras para la hacienda imperial. El pago en especie exigía de muchos recaudadores, capacidad de transporte, almacenes y luego revender lo recaudado. Igualmente, a las cuadrillas de trabajadores había que alimentarlas, organizarlas y transportarlas para que estuvieran en los lugares donde se las necesitaba.

Por supuesto, existía la opción de pagar con dinero que o bien, como he comentado, eran largas ristras de monedas, que muchas veces había que transportar con carretilla, o papel moneda (no servía para pequeñas cantidades) o moneda en plata. Esto último era lo más práctico y eficaz, pero China tiene poco circulante en plata porque no tiene de dónde extraerla. Hasta la segunda mitad del siglo XVII la plata para la moneda llega a China a través de comerciantes portugueses o japoneses. Su capacidad de suministro es limitada y gira en torno a 100-180 toneladas. Además esta plata no siempre es de la misma calidad. Para hacernos una idea de la rentabilidad de este comercio, hay que tener presente que en bastantes ocasiones la plata que llevan los portugueses ha sido comprada en Sevilla hasta donde ha llegado procedente de América. Incluso en esas condiciones merece la pena, dada la necesidad que el mercado chino tiene de ella. Y el mercado chino es muy grande, inmenso en relación con los estándares europeos. Supone en este tiempo un cuarenta por ciento del PIB del mundo.

Así las cosas, el establecimiento de los españoles en Filipinas es casi providencial. Están en condiciones de suministrar plata regularmente y lo harán década tras década. No es exagerado decir que el Imperio Habsburgo y el Imperio Ming se vuelven mutuamente interdependientes. Tan importante es esta relación comercial que en 1580, pocos años después de nacer la ruta del galeón de Manila, el ministro Zhang Juzheng revoluciona el sistema fiscal con la llamada Ley del Látigo Único (*Yi Tiao Bian Fan*), a partir de la cual solo se puede pagar impuestos en moneda de plata. El aumento del circulante en plata hace posible la abolición de los diversos sistemas de recaudación que antes he mencionado, y que eran caros y poco eficaces. Los ingresos del Estado crecen y los impuestos bajan.

Con el tiempo, el real de a ocho se convertirá en la primera divisa internacional del mundo. Tan grande y longevo será su prestigio que, a mediados del siglo XIX, muerto ya el imperio y con él el real de a ocho, las autoridades de Singapur exigirán a los ingleses que quieren alquilar su puerto que les paguen con dicha moneda. Y, ¿qué es lo que grita el loro de John Silver en *La isla del tesoro* que Stevenson publicó en 1883?: «Pieces of eight! Pieces of eight!».

Si todo esto forma parte o no de la historia de la globalización del mundo, puede el lector juzgarlo por sí mismo y también debe cuestionarse por qué no está en los libros de texto más que de manera tangencial y como de tapadillo, en el mejor de los casos. El cultivo de la autarquía y del ombliguismo enfermizo no es un fenómeno reciente en la historia de España. Viene ya de siglos, aunque en las últimas décadas ha alcanzado uno de sus momentos cumbre. Pero en 1883, la fecha en que Stevenson publica su libro, es muy posible que para un lector inglés la denominación «pieces of eight» sea perfectamente comprensible —de hecho, lo es—, mientras que para el lector español no. Cuando leí el libro en mi adolescencia, no entendí lo que quería decir. Solo mucho tiempo después lo supe.

Durante dos siglos y medio viajaron en la nao de China mercancías valiosas, gentes, arte e ideas. El gigantesco Parián de México, una construcción barroca que estaba en lo que hoy es la Plaza del Zócalo, era posiblemente el mercado más importante de América y allí intercambiaban mercancías lo más granado de la sociedad mercantil mexicana y también de otros virreinatos. Fue destruido en el siglo XIX tras la independencia. La palabra «parián» es voz tagala y significa «mercado». El vocablo se expande a partir del parián de Manila donde habitan gentes venidas de todas partes, especialmente sangleyes chinos que se avecinan en la floreciente ciudad. En fecha tan temprana como 1590 el lugar es descrito con vívidos colores por Domingo de Salazar, obispo de Manila en una *Carta-relación de las cosas de la China y de los chinos del Parián* que envía a Felipe II:

> Hay en este Parián médicos y boticarios, con rótulos en sus lenguas puestos en las boticas que declaran lo que en ellas se vende. Hay también bodegones en mucha cantidad, a donde acuden los sangleyes y naturales a comer, donde me dicen que también acuden españoles. Los oficios mecánicos de los españoles han cesado todos porque todo se visten y calzan con sangleyes, por ser muy buenos oficiales, al uso de España y hacenlo muy barato... Lo que acá a todos nos ha caído en mucha gracia es que vino aquí un encuadernador de México con libros y puso tienda de encuadernar; asentó con un sangley diciendo que le quería servir y disimuladamente sin que el amo lo echase a ver miró cómo encuadernaba y luego se salió de su casa diciendo que ya no le quería servir y puso tienda de este oficio. Y certifico a Su Majestad que salió tan excelente oficial que al maestro le ha sido forzoso dejar el oficio porque todos acuden al sangley y hace tan buena obra que no hace falta oficial español... Hay muchos hortelanos entre estos sangleyes que en partes donde parecía no poderse dar nada crían ellos muy mucha y buena hortaliza, así de España como de México y tienen esta plaza tan bien proveída como la de Madrid o Salamanca. Hacen sillas y frenos y estribos tan buenos y tan baratos que algunos mercaderes quieres de ellos hacer encargo para México.

Como puede apreciarse la capacidad de los chinos para producir mucho y bien no es nueva. Todavía en tiempos de Pérez Galdós existían comercios chinescos en Madrid y la descripción que el gran novelista hace al comienzo de *Fortunata y Jacinta* asombra por varios motivos, entre los que habría que destacar que fuese conocido el nombre del más destacado diseñador de mantones. Efectivamente, una reproducción a tamaño natural de este artista, llamado Ayún, presidía el comercio familiar en la infancia de doña Bárbara, la madre de Juanito Santa Cruz. Nosotros seguimos teniendo el mantón de Manila, que era de China, la peineta y el abanico como parte de nuestros atuendos tradicionales, aunque la mayoría de los que los usan desconocen su origen. No son, desde luego, los únicos productos. Mención especial merece la revolución alimentaria que produjo la conexión de los continentes. La patata se convierte en una exquisitez de las clases altas chinas y luego va popularizándose. Los chiles mexicanos viajan a Asia y la canela, que pronto será un ingrediente esencial de la cocina mexicana, llega a Nueva España con los primeros galeones.

La ruta del galeón de Manila se mantiene hasta 1815. En la primera mitad del siglo XIX el Imperio hispano y el Imperio chino se derrumban en paralelo, como mirándose desde lejos y sin comprender qué les está pasando. El ensimismamiento llega a tales extremos que cuando la Nueva España se independiza se deja atrás una parte de sí misma que es esencial para su economía: Filipinas. México comienza su andadura como país independiente sin el archipiélago asiático por olvido o inadvertencia, que ya es despiste, y después Texas. Culminará tan prometedor inicio el Tratado de Guadalupe-Hidalgo con Estados Unidos en el que pierde el cincuenta y dos por ciento del territorio que le quedaba. Tapando estos descalabros a base de leyenda negra e indigenismo barato se ha llegado hasta López Obrador, actual presidente de México. Evidentemente la gestión perpetua de esta demagogia no puede llevar más que al fracaso y la frustración, para regocijo de quienes sí tienen algo que decir o por lo menos ganas de no ser un cero a la izquierda en el concierto internacional.

Esta parte de la historia virreinal es desconocida para la mayoría de los españoles e hispanos cultos, incluso si han estudiado historia. Su desaparición hace difícil de entender el mundo en la actualidad y convierte el presente en un galimatías ininteligible. Es forzoso que el proceso de globalización hispano sea más estudiado y conocido y, por ende, mejor comprendido. Solo así será posible orientarse en el presente y quizá preparar un futuro mejor para la inmensa comunidad que habla español en el mundo.

ELVIRA ROCA BAREA

En memoria de nuestros antepasados,
para nuestros hijos

Recuerda Platón en uno de sus diálogos cómo en una ocasión Sócrates observó, no sin sarcasmo, lo sencillo que resultaba elogiar a Atenas frente a un público de atenienses. Lo que a buen seguro Sócrates no habría podido imaginar es que, en este país, al contrario que en Atenas, no sería nada fácil elogiar la historia de España ante un público de españoles.

España. La primera globalización nació como una película documental de 110 minutos de duración. Se estrenó en las salas de cine españolas en el otoño de 2021 y su repercusión ha sido —y sigue siendo— extraordinaria.

Quise dirigir esta película —y publicar ahora este libro— para los *atenienses* y los *no atenienses,* es decir, para todos los españoles. Para aquellos que, contra toda evidencia, consideran que España tiene que pedir perdón por la conquista, por la Inquisición, por la lengua y, en resumen, por su existencia; pero también para todos aquellos que, cansados de estos discursos, buscan arrojar luz sobre el pasado.

Hemos recorrido este camino con atenienses como el Ayuntamiento de Salamanca, la Fundación Fernando Núñez y los miles de mecenas que han confiado en el proyecto, que creyeron que era bueno que se hiciera esta película, y que comparten la certeza de que sin la historia de España no es posible entender la historia del mundo.

Soy director y productor de películas documentales desde hace ya más de veinticinco años. Antes había sido director de fotografía de cine y anuncios publicitarios. Hasta que un día decidí que quería tener el control sobre lo que se contaba en las películas en las que trabajaba. No pretendo decir que no me gustara mi trabajo, al contrario, me gustaba mucho mi oficio. Imaginar y después llevar a buen puerto la imagen de una película, colaborar para transmitir con la luz, el color y la cámara la emoción, el suspense, una época o un estado anímico de los protagonistas es una labor fascinante. Pero pocas veces compartía los fines últimos de la películas en las que colaboraba. Y es por esto que decidí comenzar a realizar películas documentales.

Por aquel entonces yo ya sentía una gran inquietud debido a la manera en que la historia de España estaba siendo contada, y mis viajes a la América española no hicieron más que aumentar esa sensación de que algo no encajaba, de que estábamos dilapidando un tesoro. Mientras tanto seguía realizando documentales que siempre trataron sobre temas españoles:

arte, gastronomía, vino, música… Y mi inquietud fue transformándose en indignación al tener que soportar tantas mentiras, medias verdades y enormes tonterías, como que España tenía que pedir perdón por su historia. Siempre se nos coloca en un terreno de inferioridad frente a cualquier extranjero y, lo que es peor, también frente a los españoles de ultramar, nuestros hermanos de América.

De acuerdo con Tarkovski, siempre he considerado mi obra como servicio. Quizá por eso, cuando comencé a leer el libro de Elvira Roca Barea *Imperiofobia y leyenda negra*, antes de terminarlo ya había decidido que si la autora había sido capaz de ordenar todo ese material de una forma coherente y ágil —con un tono que mi amigo Jorge Sánchez de Castro bautizaría como «razón sardónica»—, yo podía conseguirlo también.

Decidir hacer algo es una cosa. Llevarlo a cabo es otra. El primer apoyo con el que conté fue el de Fernando Garcillán, exitoso productor de cine que también había leído el libro de Elvira y, como a mí, le había despertado la necesidad de actuar. Juntos nos pusimos en contacto con ella y la grabamos en una sala del Museo Naval de Madrid. A partir de ese material editamos un vídeo de unos cinco minutos que sirvió como anticipo de la película y con el que pensábamos lograr financiación.

No resultó tan fácil.

Una ayuda de la Comunidad de Madrid nos permitió empezar a buscar la financiación. Y conseguimos también vender los derechos de emisión a TVE. Pero todavía estábamos lejos de lograr la inversión necesaria. Nunca creí que fuera a decir esto: tuvimos la suerte de no ser seleccionados para las ayudas del Ministerio de Cultura, por dos veces. Esta circunstancia adversa nos impulsó a organizar una campaña de mecenazgo y, para nuestra sorpresa inicial, participaron 1.600 personas, con cantidades que iban desde los quince hasta los quince mil euros. Fue todo un éxito, lo mejor que podía habernos pasado. Mucho mejor que haber recibido la subvención de ICAA, porque contamos con todos lo que habían participado en el mecenazgo, haciendo suyo el proyecto. Y nuestros mecenas, cuando llegó la hora del estreno y la promoción, difundieron la película por todas partes.

Seguimos sumando apoyos y contamos también con la participación del Ayuntamiento de Salamanca. Rodamos en Argentina, en la República Dominicana, en México, Holanda, Bélgica y en muchas ciudades y pueblos de España. Entrevistamos a treinta y nueve expertos en diversos temas entre los que se encontraban filósofos, economistas, frailes, músicos investigadores, expolíticos e historiadores. Seis de ellos eran miembros de la Real Academia de Historia, siete procedían de diferentes países de Hispanoamérica. Todos aportaron su conocimiento y su entusiasmo. Elvira Roca Barea fue la gran colaboradora desde el principio: suya fue la primera entrevista que hice, que me sirvió para articular la película, y suyas fueron muchas de las propuestas de colaboradores.

Con la cantidad de horas grabadas, el montaje fue largo, duró más de año y medio. La historia del Imperio español abarca siglos y es riquísima en personajes. Resultó muy difícil escoger los que quedarían fuera, llevar al espectador a través de los cambios de época, no aburrir con datos y, al mismo tiempo, mantener el pulso de la narración y el interés durante casi dos horas.

Hemos contado con la imprescindible colaboración del Museo de América, el Museo Naval, el Museo Arqueológico, el Archivo de Indias, la Casa de México, el Museo del Prado, el Museo de Osma, en Lima, la Universidad de Salamanca y tantos otros lugares testimonio de nuestra historia que nos han abierto sus puertas.

Construir la banda sonora de una película es para mí, lo más difícil de todo el proceso de elaboración de un documental. La música es la que marca el ritmo y hace que el espectador se deje llevar por la historia sin resistencia. Digamos que la música es el camino por el que discurre la narración y la imagen; si el camino está bien trazado, te permite olvidarte de él y disfrutar del paisaje. Toda la música de la película, desde el siglo xv al xx, es española: americana o peninsular, pero española. Como dijo Pablo Blanco, montador de la película y de la mayoría de las que he dirigido, cuando acabamos: «José, es la película más difícil que hemos hecho».

Para hacer una película se necesita un equipo, y para hacer una gran película se necesita un gran equipo: Pilar Barbat estuvo en el puesto más duro, el de los números; Andrés Recio en la cámara; Juan Carlos Cid y Pablo Alayza con el sonido; Cristina Otero y Valeria Gentile en la edición y el etalonaje y Raúl González Geme con los efectos visuales. Pedro Otero en documentación, Ximena Maier con sus magníficas acuarelas, Víctor Escribano como artífice del mecenazgo y de tantas otras cosas, Cristina Marinero y Gonzalo Carmona en la promoción y Cristina Moñívar llevando la nave a buen puerto. Todos ellos y muchos más, junto a todos nuestros mecenas, forman la base que ha sustentado la película.

La base que me sustenta a mí es mi familia: Arantxa Aguirre, mi mujer; mis hijos Sam, Bruno y Laura; mis hermanos, Mª Ángeles, Juan y Javier, nuestros padres y abuelos. A todos ellos está dedicada esta película que hemos hecho para nuestros antepasados y para nuestros hijos.

La estrenamos el 15 de Octubre de 2021 en el cine Capitol de Madrid, la sala con más aforo de la capital. Y la llenamos. Gracias a la extraordinaria gestión de Versión Digital, distribuidora de la película, se proyectó en todas las capitales de provincia de España.

Ya la han visto en cines más de 70.000 espectadores, a los que se suman los más de 400.000 que la siguieron durante su emisión en TVE. Además, hemos distribuido 6.000 DVD, lo que, teniendo en cuenta que casi nadie tiene reproductor de DVD, es toda una hazaña. También se encuentra disponible en las plataformas digitales de Vimeo y Filmin. A raíz de su éxito, se han creado grupos de personas con un gran interés por conocer nuestra historia que se han unido para ver el documental: asociaciones, clubes culturales, jornadas de Hispanidad, etc. Ha llegado a más de setenta países a través de internet y se ha estrenado en salas de cine en Bolivia, Panamá, en la ciudad de Miami, y próximamente lo hará en Seattle, Houston y Chicago.

La película ha generado otras producciones, como el canal de YouTube *España. La primera globalización*, en el que hemos ido presentando algunos de los temas que se tratan en el documental, pero desarrollándolos con mayor amplitud. También ha dado origen a nuevos proyectos, como la serie de seis capítulos *Lo que el mundo le debe a Salamanca*, que nace del descubrimiento del papel fundamental que la Universidad de Salamanca tuvo en todos los ámbitos del conocimiento —matemáticas, ciencias naturales, teología, derecho, medicina y, por supuesto, economía—, y que fueron imprescindibles para mantener la hegemonía del Imperio español durante tres siglos. *Doña Marina. El nacimiento de Hispanoamérica*, es el nuevo proyecto en el que estamos trabajando y también hunde sus raíces en *España. La primera globalización.*

Desde el comienzo de esta aventura siempre tuve el deseo de que esta película llegase a los más jóvenes y, gracias a Enrique Osorio y al equipo de la Consejería de Educación de la Comunidad de Madrid, hemos conseguido que una versión especial de la misma —acompañada de un cuaderno para el profesorado elaborado por Elvira Roca— esté a disposición de todos los colegios e institutos de la Comunidad de Madrid. Pronto lo estará en otras comunidades autónomas.

Los premios recibidos —Medalla del Dos de Mayo de la Comunidad de Madrid, Premio Bravo de la Conferencia Episcopal, Premio Hablamos Español, Premio GEES, Asociación Unidos por la Historia— no han sido cinematográficos, sino de ámbitos muy dispares, lo que refleja el interés que ha despertado la película más allá de la pantalla. En resumen, la acogida que ha tenido ha sido impresionante y todo el equipo ha sentido el agradecimiento de los espectadores, de los entrevistados y de los mecenas por haber realizado el documental.

La película se ha convertido en una herramienta para todo aquel que debata en casa o en el trabajo sobre la historia de España y su leyenda negra, y forma ya parte, modesta, de la cultura popular. Y si, a pesar de todo, el contrincante no entiende, se oye decir: «¿Has visto *España. La primera globalización*? Pues cuando la veas, hablamos».

Quiero agradecer a Mariana Gasset, Paula Fernández de Bobadilla, Inés Atienza, Virginia Fernández y David Trías, y a la editorial Plaza y Janés, la extraordinaria labor que han realizado en la edición del libro que el lector tiene en sus manos.

Después de todo, parece que sí ha habido *atenienses* que han hecho suyas las palabras del profesor argentino Marcelo Gullo: «Quien no conoce el pasado no puede construir el futuro».

Al final, Sócrates va a tener razón.

JOSÉ LUIS LÓPEZ-LINARES

I. La primera globalización

La conexión Habsburgo-Ming

«España fue un país que dominó medio mundo, que tuvo un idioma que hablaba medio mundo y cuya cultura se expandió de una manera enorme»

Luis Ribot

A finales del siglo XVI, China concentraba una cuarta parte de la población del mundo y representaba un 40 por ciento de la riqueza del planeta. La dinastía Ming gobernaba aquel vasto imperio desde que en el siglo XIV, el último soberano de la dinastía Yuan, de origen mongol, fue derrocado. Tres siglos después, los Ming, desde su capital en Pekín, habían logrado forjar un Estado sólido y poderoso, aunque no sin dificultades.

En aquel momento, en el Imperio Ming los impuestos se recaudaban en especie, un sistema poco eficaz para una economía tan desarrollada. En 1580, Zhang Juzheng, el secretario del emperador, planeó modificar el sistema tributario y decidió abandonar el arroz como unidad de recaudación para adoptar la plata. Solo había un problema: China no tenía plata.

La solución vino de otro gran imperio. Uno muy lejano, gobernado desde el otro lado del mundo: la España de los Habsburgo. Los españoles, establecidos en Manila desde 1565, contaban con recursos ingentes de plata provenientes de minas americanas como la de Zacatecas, en Nueva España, o las del Potosí, en el virreinato del Perú. Esa plata, que podía ser trasladada desde su origen hasta los puertos de Filipinas, sirvió para estabilizar todo el sistema tributario del Imperio Ming.

La plata desembarcada en Manila era recogida por funcionarios chinos llegados de las costas de Fujian. Así se estableció por

Los dos emperadores que hicieron posible la primera globalización: Wanli y Felipe II.

primera vez un patrón plata como medio de intercambio, como unidad monetaria. Y dado que China era el país más populoso de la Tierra, los efectos de esa conversión transformaron la economía mundial.

La nueva relación que se forjó entre ambos mundos fue más allá de los aspectos meramente económicos, tal y como señala el sinólogo Rubén García-Benito: «Se sucede todo un intercambio cultural, científico y artístico entre Europa y China. Matteo Ricci y Diego de Pantoja, misionero jesuita de Valdemoro, llegan a Pekín, consiguen audiencia con el emperador y entregan una serie de regalos como, por ejemplo, dos relojes y un clavicordio. Y es Diego de Pantoja quien enseña a cuatro eunucos a tocar el primer instrumento de tecla que sonó en la corte china».

Esta confluencia de intereses conectó a las economías más potentes en Asia y Europa con el producto de un tercer continente, América, gracias a un servicio de transporte marítimo que recorría el Pacífico entre Nueva España y Filipinas al menos dos veces al año. En palabras de la historiadora Luo Huiling: «La comunicación entre el Imperio Ming y el Imperio Habsburgo gracias al comercio de plata que se transportaba en el Galeón de Manila, también llamado Nao de China, tuvo una importancia trascendental para toda la humanidad».

El Galeón de Manila comenzó a funcionar en 1573, tan solo unas pocas décadas después de que Magallanes llegara a Filipinas en 1521, y se convirtió en una de las rutas comerciales más importantes de la historia. Un

hecho capital que impulsó una globalización sin precedentes con la monarquía hispánica como motor principal del mismo. Diversas naciones como Holanda, Francia o Inglaterra, que también querían comerciar con China, decidieron imitar el sistema desarrollado por los Habsburgo y los Ming, lo que dio como resultado que la plata española se convirtiera en una divisa internacional.

Esta primera globalización solo pudo ser posible gracias a que en la Edad Moderna la monarquía hispánica extendió su presencia e influencia por todo el planeta. Los Habsburgo lograron forjar un imperio transcontinental de origen europeo cuyos efectos se hicieron notar en ambos hemisferios del planeta.

«España fue un país que dominó medio mundo, que tuvo un idioma que hablaba medio mundo y cuya cultura se expandió de una manera enorme», asegura el historiador español Luis Ribot, especialista en la Edad Moderna. Si bien algunas civilizaciones habían logrado ampliar su círculo de influencia mucho más allá de sus fronteras, nunca antes se había producido una transformación de la magnitud y la transcendencia de la protagonizada por España. Como señala con gran acierto Elvira Roca Barea: «El Imperio romano existió y cambió el mundo. El Imperio español existió y cambió el mundo. Es un error pensar que el Imperio español es algo que atañe únicamente a España [...] atañe al mundo entero porque, al igual que el romano, cambió el mundo entero y dejó su sangre, sus instituciones, su vida y su modo de existir por varios continentes».

Imperio Ming

«Ming», que significa «luminoso», fue el
nombre de la dinastía que gobernó China entre
1368 y 1644, considerado el periodo más
brillante de la historia de este país.

Los Ming, una estirpe han —es decir,
considerada autóctona—, llegaron al poder
tras derrocar al último de los Yuan, una
dinastía de origen mongol establecida por
Kublai Kan. Gobernaron China durante tres
siglos apoyándose en la autoridad de un
poderoso cuerpo de funcionarios conocidos
como «mandarines». Fue una época de
esplendor en todos los aspectos y durante este
periodo florecieron el comercio y las artes,
sobre todo estas últimas.

Durante la época Ming fueron habituales
los contactos comerciales con Occidente y,
en especial con la monarquía hispánica, lo
que provocó un intercambio cultural muy
enriquecedor en ambas direcciones. Mientras en la
península se admiraban sus bellos jarrones de
porcelana en azul y blanco, la corte del emperador
disfrutaba de la música extraída de instrumentos
llevados por españoles como Diego de Pantoja, así
como de sus conocimientos de astronomía.

En el siglo XVII, China se vio sumida en una
profunda crisis que afectó a todos sus ámbitos.
Esto provocó la caída de los Ming y el ascenso
al poder de los manchúes, la última dinastía
imperial de China.

El real de a ocho

El real de a ocho fue una moneda castellana cuyo lanzamiento y desarrollo coincidió con la conquista del Imperio. En su acuñación se aplicaron nuevos métodos que hacían más difícil que fuera falsificado. También mantuvo un valor, un peso y una medida más o menos constantes a lo largo del tiempo, lo que permitió que se convirtiera en una divisa internacional. En Estados Unidos se usó el *Spanish Milled Dollar*, el dólar acuñado español, como patrón monetario para el dólar, cuyo símbolo (**$**) está basado en el escudo de la monarquía hispánica: las columnas de Hércules y la filacteria con la divisa «Plus Ultra» que las rodea.

Según la creencia popular, gran parte de la plata de América terminó en España, cosa que no es cierta. Un tercio de la plata española de América acabó en China. Al llegar allí, el real de a ocho de plata era sellado con una contramarca llamada *chop* que servía como garantía de su peso y su pureza. Estos *chops* tenían forma de caracteres chinos que a menudo indicaban el nombre de un banquero o comerciante.

El tornaviaje y las especias, motores de la primera globalización

La extensa red de conexiones establecida por la monarquía hispánica no habría sido posible sin el Galeón de Manila. Un logro comparable al descubrimiento de América debido a las consecuencias que tuvo para el desarrollo de la civilización. En funcionamiento desde 1573 hasta 1815, fue la ruta intercontinental más longeva que jamás haya existido. Durante casi doscientos cincuenta años, las naves españolas conectaron Asia, América y Europa a través de este derrotero que unía Acapulco con Manila. Su origen fue particularmente difícil y, al igual que otros muchos hitos de la Era de los Descubrimientos, está relacionado con la búsqueda de una ruta para el transporte de especias.

La llegada de Cristóbal Colón a las costas americanas implicó un cambio notable en el modo de concebir el mundo que, en un breve periodo de tiempo, adquirió conciencia real de su verdadera forma. Los nuevos desafíos hicieron necesarios otros planteamientos. En el año 1500, el navegante y cartógrafo Juan de la Cosa dibujó el primer mapa que incluía una representación del continente americano.

El siguiente reto para los avezados navegantes consistía en hallar un paso que atravesara Centroamérica uniendo los océanos Atlántico y Pacífico. A tal fin, entre 1505 y 1508 se produjeron sucesivos encuentros entre los mejores pilotos de la época. De cada exploración que aquellos marinos llevaban a cabo en busca de la esquiva ruta transoceánica, traían a su regreso valiosa información desconocida sobre las nuevas costas, con la que se iba completando el Padrón Real. Creado en 1508, era un mapa modelo que se elaboraba en la Casa de la Contratación de las Indias, radicada en Sevilla. Aquel mismo año surgió la figura del piloto mayor, quien, además de confeccionar el citado Padrón Real, tenía entre sus funciones la de examinar a los pilotos de la Carrera de Indias y realizar los derroteros de viajes que servían como modelo para las cartas de marear.

El punto de inflexión en la búsqueda del paso de un océano a otro se produjo el 29 de septiembre de 1513, cuando Vasco Núñez de Balboa enarbolando su espada, se zambulló hasta las rodillas en las aguas de una remota playa en la actual Panamá y reclamó solemnemente aquel océano interminable en nombre de la Corona de España. Lo bautizó como «mar del Sur» y, más tarde, tras la expedición de Fernando de Magallanes, sería renombrado como océano Pacífico. Este importantísimo descubrimiento fue el inicio de multitud de viajes y exploraciones que desvelaron los secretos de una parte del mundo que, hasta entonces, era conocida en Europa como «Terra Incógnita». Una vez más, la contribución de España fue pionera y decisiva en esta labor, que costó grandes cantidades de dinero y de vidas humanas a los navegantes, comerciantes y viajeros que la emprendieron. A menudo en unas singladuras extremadamente largas y peligrosas.

La expedición de Vasco Núñez de Balboa abrió una ruta terrestre a través del istmo de Panamá entre el Atlántico y el Pacífico, pero no una ruta marítima. Esta aún tardó unos cuantos años en ser descubierta.

Nao Victoria cruzando el estrecho de Magallanes, Guillermo Muñoz Vera, 2015.

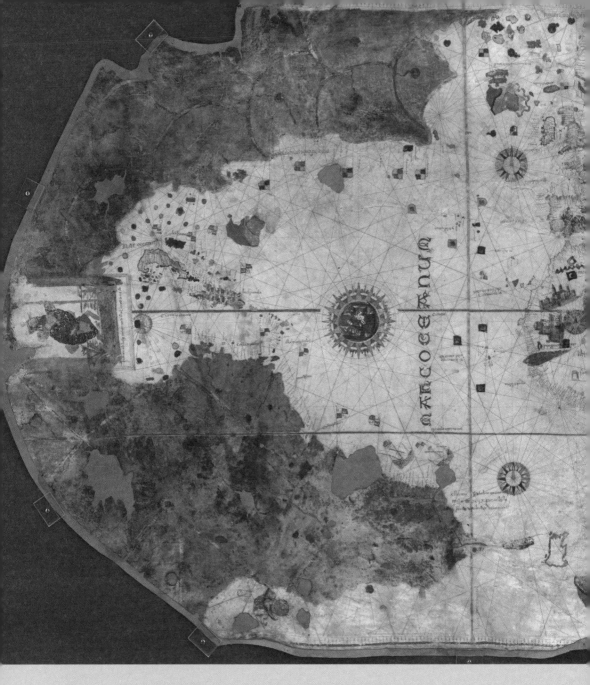

La carta universal de Juan de la Cosa: el mapa de los cuatro continentes

José María Moreno Martín

En 1488 el portugués Bartolomé Díaz dobló el temido cabo de las Tormentas, situado al sur del continente africano, que hoy conocemos como el cabo de Buena Esperanza. La expansión del conocimiento llevó aparejada un cambio en los mapas que, en consecuencia, comenzaron a ampliarse hasta romper las vistosas cenefas y otros adornos y decorados con los que los cartógrafos, atendiendo al modelo propuesto siglos atrás por el griego

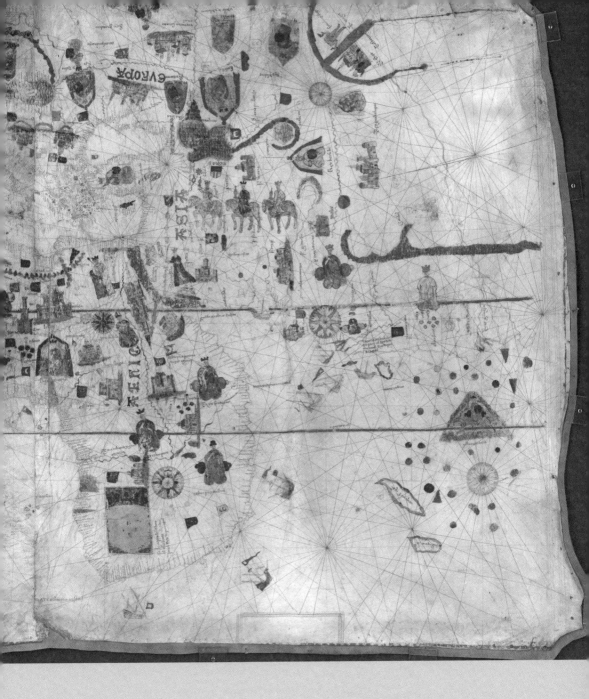

Ptolomeo, habían sido capaces de limitar los contornos del mundo conocido hasta sus días. Las tierras y los mares que aquellos confines tan artísticos habían contenido hasta entonces no solo representaban el mundo conocido sino también la imagen del pensamiento de occidente.

Poco después Cristóbal Colón puso proa a otro occidente. Uno futuro, desconocido y lejano. Cuando en 1492 arribó a las costas de sus Indias —hoy nuestras Américas— el pensamiento clásico del mundo saltó por los aires de forma definitiva. La presencia de aquellas tierras ignotas en el camino hacia las Indias obligaba a desterrar las certezas que sustentaban el imaginario del mundo. Se había alcanzado la orilla opuesta del *mar Tenebrosum,* ahora, por tanto, menos *tenebrosum,* y ello exigía abrir un espacio en las mentes y en los mapas a nuevas extensiones de tierras y mares, aún sin medidas exactas.

El mundo crecía de manera imparable, repartiendo su este y oeste entre Portugal y Castilla. Las noticias viajaban ligeras, bien recorriendo los caminos terrestres, bien navegando a través de ríos, mares y océanos, y el arzobispo Juan Rodríguez de Fonseca consideró que había llegado el momento de recapitular. El religioso, responsable de todo lo relacionado con el mundo indiano, pretendía mostrar a los Reyes Católicos, Isabel y Fernando, la verdadera imagen del mundo para que pudieran admirar la grandeza de su reino creciente. Pero si los marinos fueron los encargados de ensanchar el mundo gracias a sus descubrimientos, los cartógrafos se revelaron como los artífices de la transformación de esas nuevas tierras y nuevos mares en imágenes. Ellos consiguieron, por medio del manejo de sus escalas, medidas y proporciones, enseñarnos cómo era el mundo entonces.

Juan de la Cosa realizó el mapa de los cuatro continentes en el año 1500. Más de cinco siglos después, continúa siendo el mapa conocido más antiguo en el que se representó América por vez primera. El marino cántabro ha alcanzado mayor gloria por la autoría de su célebre mapa que por su participación en el viaje del descubrimiento de América, pese a haber sido maestre de la nao *Santa María* —capitana de la expedición de Cristóbal Colón— y realizado varios viajes posteriores al nuevo mundo. No en vano, como recoge Pedro Mártir de Anglería, en sus *Décadas,* el arzobispo Fonseca afirmaba «que Juan de la Cosa estaba más familiarizado con aquellas costas que con las estancias de su casa».

Inspirado en las raíces medievales de los portulanos —la cartografía náutica vigente en esa época— Juan de la Cosa trazó un gran mapamundi que contenía y abarcaba todo lo conocido hasta entonces. Además, al tratarse de un encargo para los reyes, contó con el mejor y más rico material. Sobre dos grandes pieles de pergamino organizó el mapa en torno a dos rosas de los vientos. Una, la más bella situada en el océano Atlántico y en cuyo centro alberga una imagen de la Virgen entronizada con el Niño Jesús, y la segunda en el océano Índico. A partir de ambas, Juan de la Cosa teje, con las líneas de los vientos, la tela de araña tan característica de las cartas náuticas medievales. En cuanto a las referencias de latitud y longitud, el mapa cuenta con dos líneas paralelas horizontales correspondientes a los trópicos de Cáncer y el ecuador, que son atravesadas por una línea perpendicular que podría ser la representación visual de los acuerdos de las bulas papales que sirvieron para dividir el mundo entre los reinos de Portugal y Castilla.

Diseminados por las tierras conocidas de Europa, África y Asia encontramos representaciones de monarcas en sus reinos, personajes legendarios y mitológicos y escenas bíblicas, como la del nacimiento de Jesús o la de los Reyes Magos aproximándose a Belén. En la decoración de la geografía se heredan influencias medievales como la del mar Rojo pintado de dicho color; los ríos y mares interiores serpenteantes, para sugerir el efecto de movimiento de sus aguas; las montañas del Atlas africano como una sucesión de triángulos de colores; los Alpes, en forma de pata de ave o los alzados de ciudades destacadas como Toledo, Aviñón, Venecia y Génova.

Los escudos y banderas que jalonan el mapa sirven para identificar las posesiones territoriales y nos descubren que para hacer este mapa se contó con la más actualizada información. De hecho, el principal cometido de este encargo era la presentación en sociedad del nuevo territorio americano. El resto del mundo ya era conocido y América constituía la gran novedad. Juan de la Cosa la representó como una gran mancha verde en el extremo occidental, posiblemente atendiendo a la frondosa vegetación con la que se encontraron al llegar a sus costas. Con el fin de realzar más aún las tierras descubiertas en comparación con las tierras del mundo antiguo, empleó una escala mayor en su representación.

Asimismo, situó banderas castellanas en la costa caribeña, ya que los monarcas estaban interesados en reivindicar sus nuevos territorios de ultramar y garantizar el dominio del castellano en ellos. Otra muestra del grado de actualización de la información representada en el mapa es que De la Cosa ya situó al norte del Caribe cinco banderas con el estandarte real de Enrique VII de Inglaterra, dejando patente que en Castilla ya se tenía noticia del viaje que Juan Caboto había realizado desde Inglaterra en 1497.

Ocho años después del primer viaje de Cristóbal Colón, Juan de la Cosa inaugura la cartografía americanista con su carta universal. Una representación ajena al mundo clásico en la que el autor sitúa América lejos, y a otra escala. Frente al nuevo continente, el dibujo de Europa es aún medieval. Y uniendo ambos mundos —el antiguo y el nuevo— las aguas del océano Atlántico sobre las que comenzó a trazarse la ruta hacia la futura globalización.

Diego de Pantoja, embajador musical en la Ciudad Prohibida
Rubén García Benito

«... [el emperador] me hizo cantar las notas de un aire escrito por él [mismo], y después tañerlo en el clave con algunas otras [piezas] a la manera de China, y a la manera de Europa, y después tañer alguna sonata de Europa... »

Esta escena, desarrollada en el corazón de la Ciudad Prohibida a principios del siglo XVIII, forma parte de un fascinante episodio de intercambio cultural iniciado poco más de una centuria antes por un jesuita valdemoreño y su compañero italiano. Por desgracia, durante años el jesuita español no ha sido más que una nota a pie de página en la extensa literatura académica de las misiones en China y prácticamente un completo desconocido fuera de los círculos sinológicos.

Diego de Pantoja nació en la villa de Valdemoro en abril de 1571. Con casi catorce años sus padres lo enviaron a la Universidad de Alcalá donde, influido por el espíritu de la joven orden jesuita allí presente, ingresó en la Compañía de Jesús en abril de 1589. Después de acabar su noviciado en Villarejo de Fuentes y de estudiar Artes en Ocaña, regresó a Alcalá para cursar Teología, y allí fue ordenado sacerdote en 1596. El contacto permanente con procuradores de las provincias orientales y avezados misioneros, forjó la vocación evangelizadora del joven Pantoja.

En abril de 1596 partió de Lisboa hacia Goa, en la que residió unos meses antes de atracar en Macao en 1597. Dedicó dos años a completar su formación con la intención de ser enviado a Japón, pero un cambio de planes alineó la brújula con su deseo original de ponerse al servicio de la misión de China. Consiguió entrar de incógnito en el país a finales de 1599, iniciando una larga travesía que le llevó hasta a Nankín para encontrarse con su compañero, el jesuita italiano Matteo Ricci, y que culminó en la capital en enero de 1601. Después de varios intentos, Pantoja y Ricci, ataviados como letrados confucianos, consiguieron audiencia en la corte, convirtiéndose en los primeros europeos en acceder al interior de la Ciudad Prohibida. Entre la cuidada selección de regalos con la que obsequiaron al emperador Wanli de la dinastía Ming, se encontraban dos relojes y un «muy buen monacordio». Por la descripción de las fuentes, el «monacordio» en cuestión parece coincidir con un clavicordio, aunque algunos autores apuntan a que podría tratarse de una espineta o un virginal. El emperador puso a disposición de Pantoja a cuatro de sus músicos, a los que enseñó, por primera vez en aquella corte, el arte de tañer un instrumento de tecla. Dicha práctica ya había sido avanzada en Japón por el español Francisco Javier, pionero de la misión jesuita en Asia, cuyos obsequios también incluían un reloj y un instrumento de tecla.

Pantoja estuvo diecisiete años en la capital, en los que desarrolló una labor fundamental como mediador cultural, así como una importante y polifacética producción literaria. En una extensa epístola enviada en 1602 a Luis de Guzmán, provincial de Toledo y su rector en Alcalá, relataba con un exquisito detalle la sociedad y costumbres chinas. La carta, publicada en 1604, disfrutó de sucesivas ediciones en varios idiomas, ofreciendo por

primera vez en Europa valiosa información sobre el lejano país oriental.

En 1610, a la muerte de Ricci, Pantoja envió un elocuente memorial al emperador para solicitar un terreno donde enterrar al difunto compañero, privilegio jamás otorgado con anterioridad a un extranjero. En la actualidad, los cuerpos de más de sesenta misioneros reposan en el cementerio de Zhalan.

Las siete victorias (*Qike daquan*) es casi con toda probabilidad su obra más influyente, publicada en chino en 1614. Un tratado en el que compara las virtudes cristianas con las confucianas y que ha conocido ediciones sucesivas que llegan prácticamente hasta nuestros días.

Un cambio de rumbo iniciado por el entonces superior de la Misión en China, quien no comulgaba con la política de adaptación de Pantoja y Ricci, provocó la expulsión temporal de los jesuitas en 1617. Como consecuencia de

esta decisión, el jesuita español se vio obligado a regresar a Macao, donde murió un año después. A pesar de este incidente, la inmensa labor desarrollada por Pantoja favoreció la posterior presencia de misioneros en la corte hasta finales del siglo XVIII.

El clave del emperador es un proyecto de investigación musicológico de Todos los Tonos y Ayres que nació con el objetivo de recuperar la figura de Diego de Pantoja. Instrumentos de época europeos y chinos reconstruyen los paisajes sonoros de su apasionante historia y las músicas en torno a este episodio de diálogo cultural y su legado. Después de su estreno en 2018, el proyecto visitó China gracias a una gira organizada por el Instituto Cervantes y la Embajada de España con motivo del Año Diego de Pantoja. *El clave del emperador*, grabado en coproducción con Íliber Ensemble, ha sido publicado en 2021 en el 450.º aniversario del nacimiento del misionero español.

Detalle del biombo del Sello Real, último tercio del siglo XVII.

La figura de Cristóbal de Haro fue imprescindible para que esto pudiera suceder. La familia Haro —de quienes se conjetura que pudieron haber sido judíos conversos—, era oriunda de La Rioja y había creado un próspero emporio comercial enriquecido gracias a las ferias de Medina del Campo. Dicho emporio tenía sucursales en los centros de negocios más importantes de la Europa de la época, tales como Amberes, Londres o Lisboa. Los Haro, sin embargo, mantenían su núcleo de operaciones en Burgos. Desde mediados del siglo xv esta ciudad era, junto con Sevilla, una de las más cosmopolitas de la Corona castellana y en la cual operaban mercaderes de bienes de lujo que, como la familia Haro, manejaban grandes cantidades de capital.

Dentro del clan cada uno de sus miembros cumplía una labor específica: a Cristóbal de Haro le correspondía gestionar los asuntos comerciales de la familia en Lisboa, donde Cristóbal había dado muestras de un fino instinto para localizar y explotar cualquier oportunidad de negocio que se presentara. Así, por ejemplo, cuando Juan Díaz de Solís marchó a explorar el Río de la Plata en 1515, lo hizo sin saber que Cristóbal de Haro ya había financiado previamente una expedición con portugueses a esa zona para encontrar un paso marítimo entre el Pacífico y el Atlántico. La misión no tuvo éxito e hizo pensar a sus promotores que el paso debía de encontrarse más al sur, de modo que allí volcaron su interés.

Cristóbal de Haro conoció a Fernando de Magallanes en Lisboa. Las políticas del rey Manuel I habían obstaculizado muchas de las actividades de los comerciantes extranjeros en Portugal, forzando a la mayoría de ellos a buscar un mejor ambiente para sus negocios en Castilla. Convencido de sus posibilidades de localizar la ansiada vía, Haro estaba dispuesto a financiar una expedición comandada por Magallanes que abriera una ruta comercial por mar hasta Oriente, pero no quería que las ganancias del tráfico de especias fueran monopolizadas por la Corona de Portugal. Este factor, unido a otros aspectos menores, provocó un resentimiento entre Haro y el rey Manuel de Portugal, desafección que compartía con Magallanes, y que motivó que ofrecieran su proyecto al rey Carlos I.

El rey mostró su interés y entendió desde un primer momento la conveniencia de que la expedición contara con inversión real para asegurarse una parte de los beneficios. Haro, en cambio, pretendía que fuera una iniciativa privada sin ningún tipo de participación por parte de la Corona. Al final se llegó a un compromiso entre ambos y acordaron crear una empresa mixta en la que Haro invirtió casi dos millones de maravedíes mientras que la Corona aportó unos seis y medio.

Magallanes, que se había naturalizado español, fue el responsable de dirigir la expedición. El papel de Haro fue, fundamentalmente, de financiero y armador junto a Juan de Fonseca. En 1519 la flota partió en busca de una ruta a Asia a través del hemisferio occidental alternativa a la de los portugueses, que habían trazado la suya a lo largo del hemisferio oriental. Tras un viaje épico, lleno de penurias y dificultades, Magallanes logró su objetivo. Fue él quien dio, por fin, con el paso del Atlántico al Pacífico atravesando el estrecho que hoy lleva su nombre en una hazaña sin precedentes.

Sin embargo, aún quedaban penurias que enfrentar. Después de cruzar el estrecho,

Sevilla y la Casa de la Contratación

La Casa de Contratación era el foco de la cartografía empleada en las exploraciones y el tráfico de Indias. Fue creada y establecida en Sevilla por los Reyes Católicos, según recoge la Real Cédula de 15 de febrero de 1503. A lo largo de la Edad Moderna, Sevilla fue una de las metrópolis más importantes del mundo. Desde allí se administraba todo el proceso de exploración y desarrollo cultural, mercantil y judicial de las tierras de ultramar. La primera imprenta de América llegó desde Sevilla.

Gracias a ello y a sus fábricas de cerámica, seda y jabón, Sevilla se convirtió en uno de los más importantes centros económicos y culturales del Siglo de Oro español. Cervantes, Américo Vespucio, Lope de Vega o Pietro Torrigiano, artista florentino rival de Miguel Ángel y uno de introductores del manierismo en España, residieron en Sevilla en diferentes momentos del siglo XVI. El propio emperador Carlos V escogió esta ciudad para celebrar sus bodas con Isabel de Portugal en 1526.

El Padrón Real

El Padrón Real era el principal mapa español, una carta universal en la que se iban incorporando, con el mayor secreto, cuantas observaciones y descubrimientos aportaban los navegantes a la vuelta de cada viaje. Se utilizaba como modelo para los mapas y cartas náuticas de todos los barcos españoles durante el siglo XVI. Su realización y mantenimiento se hacía en Sevilla por la Casa de Contratación de Indias. El primer Padrón Real fue encargado en 1508 a Américo Vespucio.

La reforma del calendario juliano

El jueves 4 de octubre de 1582 murió santa Teresa Ávila, quien fue enterrada al día siguiente, viernes... 15 de octubre.

El motivo de la desaparición de estos diez días del calendario se debió a la bula *Inter Gravissimas* emitida por Gregorio XIII en febrero de 1582. Esta bula respondía a la necesidad de hacer unos ajustes en el calendario por el que se regía occidente, conocido como calendario juliano, al haber sido establecido por Julio César en el 46 a. C.

Dicho calendario no era del todo exacto en la medida de la duración del año, ya que contenía un problema de cálculo matemático que no conseguía acompasar los ritmos del Sol y la Luna vistos desde la Tierra. Este desajuste no había hecho más que aumentar con el paso del tiempo y la Iglesia veía con gran preocupación este hecho, pues afectaba a las fiestas movibles que se establecían basándose en los ciclos lunares, tales como la Semana Santa. Si no se buscaba una solución, tarde o temprano se daría el caso de que la Pascua se celebrase en verano.

Se creó la llamada «Comisión del Calendario» en que la que diversos expertos discutieron la solución al problema. En este proceso fue de suma importancia la aportación de la Universidad de Salamanca, que en 1578 determinó que la duración exacta del año debía ser de 365 días, 6 horas, 48 minutos y 45 segundos. Este cálculo fue el que finalmente los expertos que asesoraban al papa Gregorio XIII aceptaron como el más certero y el que impulsó la emisión de la bula *Inter gravissimas*.

Esta bula sustrajo diez días al año en curso y decretó la implantación del nuevo calendario, llamado en adelante gregoriano, en todos los territorios de la Iglesia.

El rey Felipe II aplicó asimismo este cómputo para los dominios de la monarquía hispánica —que, en aquel entonces, también incluía los de la Corona portuguesa—, logrando así por primera vez en la historia la sincronía global en ambos hemisferios.

Magallanes fondeó las Filipinas en 1521. Había perdido tres de las cinco naves y gran parte de los hombres que lo acompañaban. Tampoco contaba con un plan para regresar a España. Murió a manos de los indígenas de la isla de Mactán antes de poder desarrollarlo. El desconcierto se apoderó de lo que quedaba de su tripulación hasta que, casi un año después, Juan Sebastián Elcano y Gonzalo Gómez de Espinosa decidieron tomar el mando de las dos naves que aún se mantenían a flote y poner rumbo a las Molucas —conocidas entonces como las islas de las Especias— con el fin de cumplir el objetivo comercial con el que se había puesto en marcha la expedición.

En las Molucas, Elcano obtuvo importantes ganancias comerciando con clavo, una de las especias más valoradas de la época. Sin embargo, aún quedaba por resolver el viaje de retorno o «tornaviaje» a la península. Tanto Elcano —al mando de la nao *Victoria*— como Gómez Espinosa —comandante de la *Trinidad*— eran conscientes de que la ruta del Pacífico era el camino más corto y el que, además, evitaba problemas con los portugueses, quienes dominaban las rutas marítimas que unían Europa y Extremo Oriente a través de las costas de la India y de África. Sin embargo, Elcano no estaba seguro de conocer el camino de vuelta al Pacífico y optó por tomar una ruta más conocida que le permitiera hacer escalas en puertos africanos cuya ubicación ya sabía de antemano si fuera preciso, aun a riesgo de ser capturado por los portugueses como sucedió con Gómez Espinosa, apresado por un navío luso poco después de zarpar de las Molucas.

La osadía de Elcano rindió sus frutos e hizo que se convirtiera en el primer capitán de navío en circunnavegar el globo. La ruta que trazó desde Timor hasta las islas de Cabo Verde impresiona por su intrepidez. En palabras de la historiadora americanista Enriqueta Vila Vilar: «Fue bastante más importante la vuelta al mundo que la llegada del hombre a la luna». Fue, además, la prueba empírica de que el mundo era redondo. Si bien ya desde muchos siglos antes muy pocos ignoraban que esta era su forma real, hasta la expedición Magallanes-Elcano nadie había podido comprobarlo por sí mismo. Tal y como destaca el filósofo Pedro Insua: «Cuando [Elcano y sus hombres] llegan a las islas de Cabo Verde llevan un día de retraso. Los portugueses les dicen que es jueves, pero, según sus cartas de navegación, se supone que es miércoles. A partir de este hecho se comprueba que la Tierra es una esfera que gira sobre su propio eje».

Gracias a aquel viaje también se descubrió que el planeta estaba cubierto de una gigantesca masa de agua que, llegado el caso, podía recorrerse en su totalidad sin encontrar ninguna extensión de tierra por el camino. De igual modo, se comprobó que los cálculos de Magallanes sobre el tamaño de la Tierra estaban equivocados y que esta era mucho más grande.

Otra de las importantes consecuencias de este viaje fue el descubrimiento de un nuevo canal de comercio de especias mucho más rápido y lucrativo que cualquier otro que existiera entonces. Solamente con el cargamento de clavo que la nao *Victoria* de Elcano recogió en las Molucas se cubrieron con beneficios los gastos de toda la expedición, una expedición heroica que había partido de Sanlúcar de Barrameda en 1519 con cinco barcos y doscientos cincuenta hombres y que regresó a España tres años más tarde con una sola embarcación y únicamente dieciocho tripulantes. Más allá del coste en vidas humanas, los beneficios económicos de aquella expedición fueron enormes. Las ganancias para sus accionistas, tanto públicos (la Corona) como privados, se estiman en torno al cuatrocientos por cien.

Un año después del regreso de Elcano, en 1523, Nuño García de Toreno creó el primer mapamundi de la historia, en el que se delimitaba el continente americano y el océano Pacífico, es decir, un mapa como los que manejamos hoy en día.

Después de la hazaña de Magallanes y Elcano, la década de 1520 estuvo marcada por la rivalidad entre portugueses y españoles para hacerse con el control de las Molucas. Ambos reinos firmaron el Tratado de Zaragoza en 1529, que dejaba estas islas en manos lusas. A partir de aquel momento España se fijó como objetivo alcanzar las Filipinas desde América sin atravesar las rutas portuguesas y, más difícil todavía, lograrlo sin percances. Si el viaje de retorno a América ya se encontraba lastrado por los peligros habituales de cualquier larga travesía marítima, a este planteamiento forzoso había que añadirle unos complicados vientos en contra que a menudo hacían que el trayecto acabara en desastre.

A lo largo de veintitrés años lo intentaron Gómez de Espinosa al mando de la *Trinidad*, Saavedra en dos ocasiones —1528 y 1529—, Grijalva en 1537, Ruy de Villalobos en 1542, Bernardo de la Torre en 1543 y Ortiz de Retes en 1545 (ambos con la nao *San Juan de Letrán*). Seis expediciones, seis fracasos. Uno detrás de otro y con la consiguiente pérdida de vidas y recursos económicos.

Andrés de Urdaneta era un sacerdote agustino, navegante y cosmógrafo, que se dedicaba a la formación de seminaristas en México. Había vivido en las Molucas durante ocho años y conocía bien las corrientes y los vientos de aquellos mares, por lo que aseguraba a todo aquel que quisiera escucharlo que él conocía la manera de ir a América en barco y regresar por el mismo camino. Sus palabras llegaron a oídos de Felipe II, quien se interesó de inmediato por su proyecto en una misiva escrita en 1559. Con gran empuje y renovado de espíritu, Urdaneta, que ya tenía sesenta y cinco años, empezó a planear la expedición según los deseos del rey y con Miguel López de Legazpi como almirante. Zarparon en 1564 desde el mexicano puerto de Navidad en medio de un gran secretismo. Tal era la reserva que rodeó a todo el proyecto que el propio Legazpi ignoraba su destino concreto al levar anclas, y no lo conoció hasta que, ya en alta mar, lo leyó al abrir un documento sellado. Así fue como descubrió que aquella flota no se encaminaba a las Molucas, como él pensaba, sino a Filipinas. La parte más importante de su misión consistía en establecer una ruta segura para realizar el camino de vuelta a México.

Urdaneta se había preparado para navegar muy al norte en el regreso, cerca del paralelo 40. Las temperaturas eran gélidas en aquellas latitudes y, al atravesar sus aguas, el barco quedó cubierto de hielo hasta en las jarcias. Sin embargo, al enlazar con la corriente de *Kuro Shuio* (o «Corriente del Japón») descubrieron que se trataba de una corriente cálida que neutralizaba gran parte del frío de una latitud tan alta. Además, circulaba en el sentido de la navegación, lo que la hacía extremadamente favorable para el viaje de regreso.

A. Yndio f
     Junto trave
B. Arbol de Guaba
    befugillas
C. Fagoos Iruta y
    su rama
D. Arbol y Irute
E. Yndio de

La importancia de las especias

Más que el oro, más que cualquier joya o piedra preciosa, las especias fueron durante siglos el tesoro más preciado que nadie podía desear.

El consumo de las especias se generalizó en occidente durante la época el Imperio romano. Existían dos rutas principales para conseguirlas: la terrestre, que conocemos como Ruta de la Seda o Ruta de Marco Polo, y la marítima, a través del océano Índico y el mar Rojo hasta Alejandría.

Eran muy valoradas porque, entre otras cosas, servían como conservante para la carne, se utilizaban como un remedio contra la peste negra y los platos aderezados con ellas resultaban mucho más sabrosos.

A.... Yndia en trage de Gala.
B.... Yndia del Canpo con su Pata Real.
C.... Arbol de Aguacates, y su Fruta.
D.... Arbol de chilguacanes con su Fruta entera, y partida.
E.... Arbol de Chamburos con su Fruta entera, y abierta.
F.... Mamey con sus ojas, y fruta abierta.

Se convirtieron en un símbolo de lujo y sofisticación. Por todas estas razones, la venta de especias en Europa podía producir un rendimiento de hasta el 10.000 por ciento en su cotización más alta; sobre todo el clavo y la nuez moscada, que eran las variedades más difíciles de encontrar. Esto motivó que portugueses y españoles se lanzaran a una frenética exploración de los mares en busca de nuevas rutas hacia los centros especieros de Oriente, ya que un Estado que controlase el tráfico de tan exótico material ostentaría un poderoso monopolio que garantizaría altos ingresos para sus arcas.

Santo Niño de Cebú
Blas Sierra de la Calle

La imagen del Santo Niño fue llevada a Filipinas por Magallanes en 1521 y donada a la reina Juana de Cebú. El 15 de abril —según cuenta el cronista de la expedición Antonio Pigafetta—, «el sacerdote le mostró una imagen de Nuestra Señora y un Niño de madera bellísimo y una cruz, lo cual la emocionó mucho [...]. Llorando pidió el bautismo. Se le impuso el nombre de Juana, como la madre del emperador». Días después, «sabiendo el capitán [Magallanes] que el Niño le gustaba mucho a la reina, se lo regaló y le dijo que lo colocase en sustitución de sus ídolos, porque era en memoria del Hijo de Dios. Dándole las gracias ella lo aceptó».

Durante cuarenta y cuatro años el «Dios extranjero» permaneció sin más apoyo que Él mismo. Se mantuvo y sobrevivió. Magallanes había sido asesinado. Los españoles —con Juan Sebastián Elcano al frente— habían huido. Solo Él se quedó. Este Niño Dios, pequeño e indefenso a los ojos de los filipinos, había sido impotente para defender al hombre blanco en la batalla. El Santo Niño sobrevivió a todos los intentos de destrucción.

Los cebuanos adoptaron a este nuevo ídolo extranjero como «Dios del Agua». Lo tenían en gran estima. El Santo Niño realizó en su favor muchos milagros, dándoles salud en sus enfermedades, cosechas cuando menos las aguardaban y amparándolos contra sus enemigos. Pero donde más poderoso se mostraba era en darles agua. Afirma el historiador agustino fray Juan de Medina, que los cebuanos «contaron que lo tenían metido en una cajita, y que, cuando no tenían agua y los campos se secaban, se la pedían con insistencia, y luego se la daba [...] Otras veces hacían otra parecida diligencia, que era traerlo en procesión y zambullirlo en el mar diciéndole que de allí no lo sacarían hasta que les diese agua, diligencias que les aprovechaban, pues siempre salían con su intento».

La expedición de Legazpi-Urdaneta de 1565 encontró en Cebú esta venerada imagen. La historia del hallazgo viene así descrita por Fernando Riquel, escribano de Gobernación, en un texto jurídico del 16 de mayo de 1565:

«... el día que los españoles entraron en dicha ysla e pueblo de Cubu, que fue el sábado veynte y ocho de abril deste presente año [...] en una de las casas de las más pobres moradas e humildes y pequeña y de poco aparato, donde entró Juan de Camuz, natural de Bermeo, marinero de la nao capitana, halló en ella una ymagen del nyño Jesús en su caseta de madera de pino, y con el gorro de flueco belludo de lana colorada, de los que hazen en Flandes, y su camysita de bolante y los dos dedos de la mano derecha alzados como quien bendice, y en la otra izquierda su bola redonda, su cruz y su collarico de estaño dorado al cuello».

Una carta de Andrés de Mirándola a Felipe II, del 28 de mayo de 1565, confirma esta información, al escribir que los españoles «hallaron un Niño Jesús y un berso de hierro y otro de bronce, que todo se entiende ser del tiempo de Magallanes».

Este acontecimiento de la llegada del Santo Niño a Cebú en 1521 y su hallazgo en 1565, marcará para siempre la historia de Filipinas y la evangelización del Oriente.

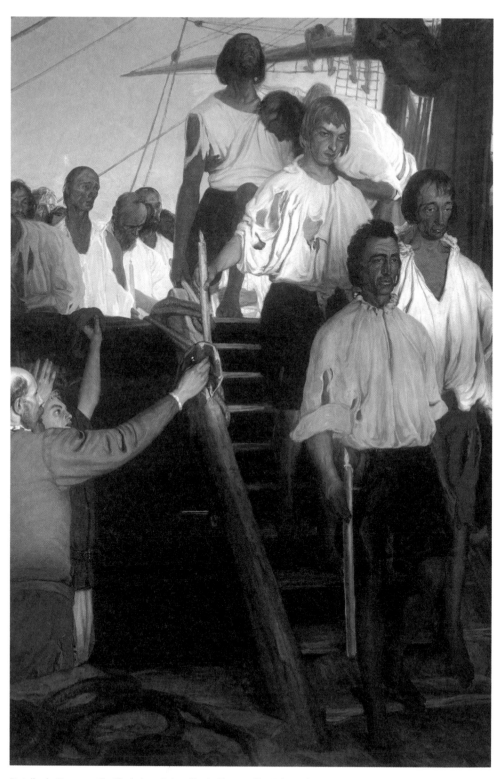

Detalle de *Regreso a Sevilla de Juan Sebastián de Elcano*, Elías Salaverría, 1919.

Urdaneta y sus hombres alcanzaron la costa oeste de Estados Unidos, en la actual California, y después se dirigieron hacia lo que hoy es Acapulco. Más tarde el sacerdote insistió en que Acapulco fuera el puerto de salida y de entrada de los galeones que cubrían aquel trayecto por ser el que tenía unas mejores condiciones y ubicación. Cuando poco después Legazpi fundó la ciudad de Manila, este puerto se convirtió en el extremo asiático de la ruta del Pacífico.

El tornaviaje de Urdaneta logró evitar el conflicto con Portugal y establecer la ruta del Pacífico. Fue también imprescindible para que los españoles se instalasen en las Filipinas y desde allí pudieran extender una amplia red de tráfico de especias y bienes de lujo que abarcaba lugares tan lejanos como Camboya, Japón, las Molucas o China.

Desde Manila zarpaban barcos hasta Sevilla que hacían escala en los puertos de Acapulco, Veracruz y Cádiz, transportando toda clase de riquezas. Manila se convirtió de este modo en el epicentro de la primera globalización al ser el enclave en el que confluyeron Asia y América; el lugar, sobre todo, al que llegaba la plata. Sería imposible subestimar la importancia que tuvo la capital filipina en el desarrollo económico mundial entre los siglos XVI y XVIII.

Así fue como España creó su propia ruta de la seda, la ruta marítima del Galeón de Manila, que se mantuvo en funcionamiento durante doscientos cincuenta años, hasta que en 1815 el galeón *Magallanes* echó anclas por última vez en el puerto de Manila. Ese fue el último capítulo del derrotero intercontinental más longevo de cuantos han existido.

A partir de 1580, todo el mercado de Asia estaba en manos de la monarquía hispánica. Los españoles habían conseguido lo que se llevaba buscando desde finales del siglo XV: una ruta segura a la tierra de las especias. Este éxito arrollador y sin precedentes que hizo que España acumulara un enorme poder y riqueza muy pronto despertó la preocupación del resto de las naciones europeas. Y esto habría de tener importantes consecuencias.

Filipinas, bazar de Oriente

¿Dónde vas con mantón de Manila? ¿Dónde vas con vestido chinés?
A lucirme y a ver la verbena, y a meterme en la cama después.

El popular chotis de *La verbena de la Paloma* refleja la importancia que tuvo Filipinas en los gustos de los españoles desde que el comercio entre Oriente y Occidente estableciera rutas fijas y seguras para sus mercancías.

Los chinos comprendieron muy pronto que allí había un gran negocio por explotar siempre y se esforzaron por atender nuestra demanda de productos exóticos y de lujo, como la porcelana, la seda y el marfil.

Por el mismo motivo, pusieron gran empeño en proveernos de piezas religiosas que eran elaboradas por artesanos chinos, aunque el significado cristiano de las mismas careciese de sentido en su tradición. Estas imágenes mostraban peculiares influencias del arte budista, como, por ejemplo, los lóbulos alargados (un rasgo asociado a Buda) o los cuellos rechonchos.

Uno de los productos estrella que hacían las delicias de los españoles fueron los mantones de Manila, manufacturados en realidad en China, aunque recibiesen el nombre de la capital filipina. Al igual que ocurría con las figuras de los santos, para los españoles este producto era muy preciado y gozaba de enorme éxito, mientras que para los chinos se trataba de un complemento al que no se le otorgaba apenas ninguna importancia.

El Galeón de Manila (1573-1815)

Carlos Martínez Shaw

El Galeón de Manila designa, no solo a un barco concreto, sino sobre todo a la ruta recorrida incesantemente durante más de dos siglos por muchos galeones entre Asia y Europa, uno de cuyos puertos de salida y entrada era la ciudad de Manila. Se trataba de una línea regular de intercambios (comerciales sin duda, pero también culturales y, más ampliamente, espirituales) que unió a México con Filipinas desde el último tercio del siglo XVI hasta los primeros años del XIX (1565-1815). Ahora bien, la ruta transpacífica servida por el Galeón de Manila no hubiera sido viable sin la necesaria conexión con los puertos de la China del sur, singularmente, con los de la región de Fujian [Quanzhou, Amoy (Xiamen)], que suministraban los productos de lujo que se intercambiaban contra la plata hispanoamericana. Este sistema fue precisamente el que posibilitó el fenómeno de la primera globalización.

El tráfico entre Filipinas y México quedó establecido de forma más o menos definitiva gracias a la travesía del galeón *San Pedro*, que, llevando como capitán a Felipe de Salcedo y como piloto mayor a Andrés de Urdaneta, descubriría la ruta de vuelta de Asia a América (lo que se conocería como el tornaviaje), arribando en 1565 al puerto de Acapulco, el cual se convertiría desde entonces en la cabecera americana del Galeón de Manila.

Si bien la primera expedición comercial se llevó a cabo en 1573, la línea no alcanzaría su regulación característica hasta 1593, fecha en la que se estableció la navegación de dos barcos anuales —que la conveniencia de los mercaderes reduciría pronto a uno solo—, que embarcaban en Manila mercancías por un valor de 300.000 pesos y recibían en Acapulco el doble en pesos fuertes. Estas cantidades irían incrementándose a lo largo de los años hasta llegar en 1769 a la cifra de 750.000 pesos en mercancías y 1.500.000 pesos en contrapartida.

El galeón partía de Cavite, el puerto vecino de Manila, en el mes de julio para aprovechar el monzón de verano, siguiendo la corriente

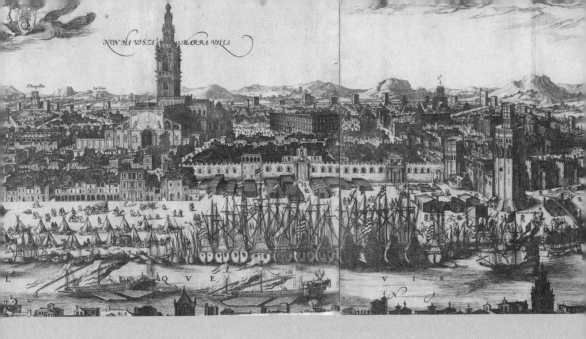

marina de Kuro Shio desde que llegaba a la altura de Japón y hasta las costas de California. Después atracaba en Acapulco en diciembre (entre Navidad y Año Nuevo por lo regular), momento a partir del cual se procedía a la descarga y se celebraba una feria anual a la que acudían mercaderes de México, Puebla, Oaxaca y poblaciones vecinas; bajo la supervisión del alcalde mayor y el castellano del fuerte de San Diego, levantado en 1617. En el mes de marzo o, a más tardar, de abril, el galeón abandonaba Acapulco y tras tocar habitualmente en las islas Marianas (Guam) llegaba a Manila en julio, a tiempo de ver zarpar a su sucesor en la travesía.

Pese a que los barcos —que fueron construidos a costa de la Corona, al contrario de los de la Carrera de Indias, que eran propiedad de particulares— debían defenderse a sí mismos sin recibir la ayuda de navíos de guerra, como ocurría en el ámbito atlántico, la navegación fue bastante segura durante los dos siglos y medio de vigencia de la ruta, que

solo asistió a la captura de tres de sus galeones: el *Santa Ana* (1587), el *Nuestra Señora de la Encarnación*, (1708) y el *Nuestra Señora de Covadonga* (1743). El peor revés sufrido por la ruta fue la ocupación inglesa de Manila entre 1762 y 1764, que llevó además aparejada la captura del galeón *Santísima Trinidad*.

El comercio de Manila estaba sobre todo en manos de los mercaderes chinos (llamados corrientemente sangleyes), cuyos juncos llevaban a la capital filipina productos alimentarios (trigo y cebada, azúcar y frutos secos y del tiempo, sobre todo uvas y naranjas), pero en especial las manufacturas procedentes de todo el mundo oriental. La negociación se hacía en el mercado abierto conocido como el Parián de los Sangleyes, adonde acudían los comerciantes españoles instalados con carácter permanente en Filipinas para negociar la compra de los géneros que debían pasar a Acapulco, los precios de las mercancías y el volumen de los cargamentos que podían introducirse en la ciudad.

El tráfico se basaba esencialmente en las remesas de plata desde Acapulco hasta Manila, que se intercambiaban por toda una serie de productos chinos (sederías y porcelanas en primer lugar) y asiáticos en general (objetos lacados japoneses, muebles y marfiles de la India portuguesa, tejidos de algodón de Bengala y especias como la pimienta, el clavo y la nuez moscada de las Molucas y la canela de Ceilán), además de algunos géneros típicos de la producción filipina, que siempre representaron un reducido porcentaje en el total de la bodega.

Este sistema perduró hasta el 19 de julio de 1815 (aunque legalmente había quedado abolido el 23 de abril por un decreto de Fernando VII), momento de la salida del último Galeón de Manila, una fragata llamada *San Fernando* o *El Magallanes*, desde el puerto de Acapulco hasta el puerto de Manila. Con ello se puso fin a una ruta de casi dos siglos y medio de vigencia.

Urrabieta dib.ᵗ y lit.ᵗ

LA ARMAD

compuesta de

Lit. de J.J. Martinez. Madrid.

MANDADA POR EL COMENDADOR GARCIA DE LOAISA.

abelas y un galeon, sale del puerto de la Coruña, para las islas Molucas, en 24 de Julio de 1525.

«La historia del mundo no se puede explicar sin la historia de España»

Carmen Iglesias

PÁGINA ANTERIOR
Mapa portulano de Jorge Aguilar, 1492.

La conquista del reino de Granada

«En 1492 ocurren tres cosas al mismo tiempo: el descubrimiento de América, el final del periodo hispanomusulmán en la historia española y la expulsión de una parte de los judíos españoles»

Adelaida Sagarra Gamazo

El siglo XV fue muy convulso para el reino de Castilla. Al inestable reinado de Enrique IV (1425-1474) —que desembocó en una guerra civil— había que sumar la continua fuente de tensiones que suponía la presencia del islam al sur del reino, en Granada. Cuando los turcos tomaron Constantinopla en 1453, Enrique IV temió que la expansión islámica convirtiera el reino nazarí de Granada en un peligro latente. Entre 1482 y 1491, su hermana y sucesora, Isabel I, lo entendió del mismo modo y concentró todas sus fuerzas y atención en la conquista de Granada. Al culminar con éxito este proyecto, puso fin a un problema territorial e incrementó el prestigio de la monarquía en una empresa que gozaba de un respaldo social muy alto. También conjuró cualquier situación de conflicto con los turcos, que en el año 1480 habían logrado tomar el puerto italiano de Otranto.

La expulsión de los judíos

La expulsión de los judíos no se debió, seguramente, a un único motivo. En esta decisión influyeron razones distintas y complejas sobre las cuales, hoy en día, los historiadores que han tratado este asunto aún no han alcanzado un consenso. Luis Suárez lo atribuye a un deseo de unidad religiosa como objetivo prioritario de los Reyes Católicos, mientras que Antonio

Detalle de *La rendición de Granada*, Francisco Pradilla, 1882.

Domínguez Ortiz señala que la existencia de sinagogas en España se interpretó como una tentación para los conversos de recaer en prácticas judaizantes. El hecho de que la Corona no pusiera obstáculos para que los conversos recuperasen sus bienes íntegros, parece señalar que los reyes no impusieron esta medida con afán confiscatorio, sino con la intención de convertir al mayor número posible de ellos al cristianismo.

En la baja Edad Media, la minoría judía en España era la más importante de toda la diáspora europea. Había unos 380.000 judíos, lo que suponía un porcentaje en torno al siete u ocho por ciento de la población. Se calcula que entre 70.000 y 80.000 se vieron obligados a dejar la península durante el reinado de los Reyes Católicos. Los que no lo hicieron, que fueron muchos, optaron por bautizarse. De este modo, y a lo largo de todo el siglo XV, esta extensa población de judíos conversos se fue asimilando paulatinamente en la sociedad española.

El 31 de marzo de 1492 se emitió el decreto de expulsión que afectaba a los judíos castellanos y aragoneses. La mayoría de los monarcas europeos de la época recibió esta medida con gran agrado, e incluso con felicitaciones. Muchos de los judíos afectados por el edicto eran en realidad descendientes de los que, siglos antes, habían sido expulsados por los reyes de Francia e Inglaterra. España fue de los últimos países en llevar a cabo una medida así. En Francia se había producido una expulsión masiva acompañada de confiscación de bienes en 1182. Poco más de un siglo más tarde, en 1290, Eduardo I de Inglaterra declaró como proscritos a todos los hebreos de su reino. Y, sin embargo, por alguna razón, la expulsión de los judíos de España es la única que ha quedado en el imaginario colectivo.

Tras sancionar la medida, los Reyes Católicos concedieron a los afectados un periodo de gracia de unos meses para que se convirtieran al cristianismo y así no tener que abandonar el reino. La mayoría decidieron hacerlo y, de hecho, desde finales del siglo XIV el número de conversos en España no dejó de crecer. Las conversiones se realizaban sobre todo a través de matrimonios mixtos. Por medio de este sistema, a la tercera generación ya se les consideraba completamente asimilados.

El caso español es una singularidad en la atribulada historia de la diáspora europea durante la Edad Media, ya que una amplia mayoría de los judíos que se asentaron en los reinos ibéricos acabaron convertidos al cristianismo de forma más o menos espontánea. Los historiadores conocen muchos casos concretos y perfectamente documentados de estas conversiones, que fueron especialmente numerosas en regiones como Soria o Murcia.

Como señala el filósofo Pedro Insua, las leyes que obligaban a los judíos a bautizarse o abandonar el reino no tenían un componente tan claramente racista como otras medidas antisemitas aparecidas a lo largo de la historia en Europa —así las Leyes de Núremberg de 1937—, sino que su carácter era meramente religioso: «Lo que pretenden [los Reyes Católicos] es incorporarlos [a los judíos] como conversos. Para dejar de ser judío bastaba con que te bautizaras, nada más que eso. [...] Los conversos, además, ascendían socialmente».

Es decir, un judío converso a través del bautismo se transformaba, en esencia, en un cristiano más. Y ningún componente racial le impedía poder optar a los mismos derechos y obligaciones que cualquier otro vasallo de la Corona de idéntica religión.

Expulsión de los judíos de España (año de 1492), Emilio Sala, 1889.

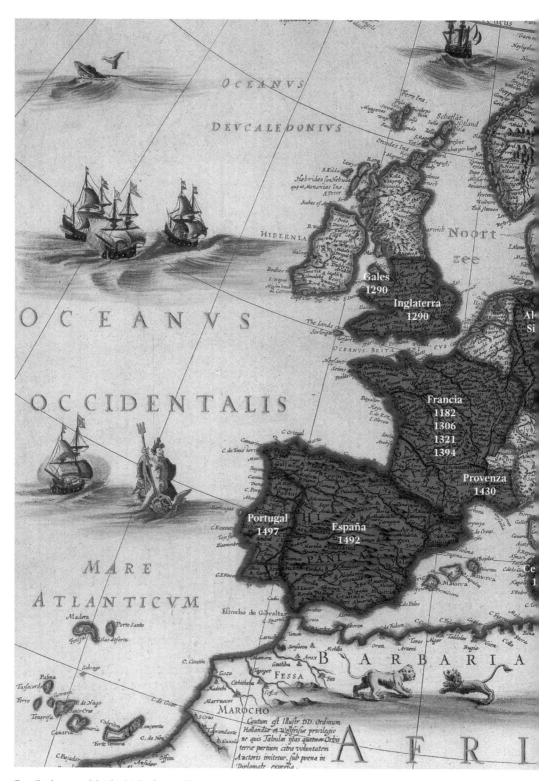

Detalle de mapa del *Atlas Maior* de Joan Blaeu, 1665, con las fechas de la expulsión de los judíos en Europa.

Lituania
1445
1495

Silesia
1159
1494

Hungria
1349
1360

stados
ntificios
1569
1593

Nápoles
1541

icilia
1492

Crimea
1016
1350

El descubrimiento de América

La Ruta de la Seda era, a finales del siglo xv, la espina dorsal del comercio entre Asia y Europa, donde los reinos ibéricos de Portugal, Castilla y Aragón, situados en su extremo occidental, se encontraban demasiado alejados como para sacar el máximo partido de las ventajas económicas que ofrecía. Los tres eran, por lo tanto, conscientes de la importancia de hallar una vía alternativa para acceder a los preciados bienes de Oriente y la lógica indicaba que esta nueva ruta se trazase por vía marítima.

A simple vista, el reino de Castilla partía con desventaja, pues mientras que Portugal miraba al Atlántico y Aragón al Mediterráneo, donde tenía ya una gran tradición comercial muy bien organizada, Castilla apenas contaba con puertos de mar.

Sin embargo, esta escasez de puertos castellanos en comparación con la de los reinos vecinos era engañosa. Castilla no disponía de tantos fondeaderos como Aragón o Portugal, pero los que poseía tenían una gran importancia estratégica y comercial. En el Cantábrico se encontraba la llamada Hermandad de las Cuatro Villas de la Costa del Mar, formada por las ciudades de Laredo, Santander, San Vicente de la Barquera y Castro Urdiales; puertos muy bien comunicados con los grandes centros comerciales de Flandes y de la Liga Hanseática y que proporcionaban enormes ventajas en las actividades de exportación e importación de bienes.

El sur de la península ibérica estaba en gran parte ocupado por el reino de Granada. Sin embargo, una pequeña franja costera del Atlántico pertenecía a los castellanos. Precisamente desde esa pequeña franja el reino de Castilla comenzó su extraordinaria aventura transoceánica en busca de espacios desconocidos, empujada por la ambición de no quedarse atrás en el lucrativo negocio de las especias.

Portugal lideraba el impulso marítimo, ya que llevaba años invirtiendo en expediciones y viajes cuyo fin era abrir una ruta por mar hasta el océano Índico bordeando las costas africanas. En 1488 el navegante luso Bartolomé Díaz consiguió doblar el cabo de Buena Esperanza y, a partir de entonces, los portugueses dispusieron de una ruta propia hasta el corazón de Asia que ningún reino, ni cristiano ni musulmán, estaba en condiciones de disputarle. Los efectos de esta hazaña fueron casi inmediatos: el rey portugués Juan II pasó de gobernar un Estado en bancarrota a convertirse en el monarca más rico de Europa.

No es de extrañar, por lo tanto, que Cristóbal Colón expusiera a los portugueses antes que a cualquier otro su proyecto de llegar a las Indias cruzando el Atlántico. Como tampoco es de extrañar que estos descartaran su plan, al que le encontraban muchos inconvenientes. Una vez asegurada la vía comercial a través del cabo de Buena Esperanza, arriesgar bienes e inversiones en esta nueva aventura resultaba poco atractivo para los portugueses.

Tras aquella primera negativa, Colón trató de convencer a los castellanos de la viabilidad de su viaje. Los vientos eran favorables en esta ocasión, pues Castilla estaba mucho más abierta a aventurarse en la búsqueda de una ruta exclusivamente castellana hacia las Indias como ofrecía Colón. Las potenciales ganancias compensaban con creces el coste de la empresa, de poco más de un millón de maravedíes, de modo que Isabel decidió que apostar por Colón era un riesgo que valía la pena correr. Es probable, sin embargo, que la reina hubiera pensado de otra forma de haber sabido, como conocemos en la actualidad, que Colón había basado su proyecto en un cálculo erróneo.

Al contrario de lo que mucha gente suele pensar, en la época de Cristóbal Colón prácticamente nadie con un mínimo de cultura y formación dudaba de que la Tierra fuese redonda. Era algo que ya había quedado demostrado en tiempos de Ptolomeo, y los geógrafos de la Edad Media, en general, acataron su autoridad sin cuestionarla.

Aunque nadie había conseguido comprobar que la forma del planeta fuese esférica, tampoco existía discusión al respecto. La verdadera polémica residía, en realidad, en el tamaño exacto de dicha esfera. Y es precisamente ahí donde Colón estaba equivocado: los cálculos que había realizado para su empresa asumían que la Tierra era de un tamaño menor del que tiene en realidad, lo cual afectaba directamente al tiempo que sería necesario invertir en la navegación desde Europa hasta Asia en dirección oeste. Otros sabios y geógrafos de su época, más acertados en sus estimaciones sobre el tamaño del orbe, habían descartado el viaje de Colón por inviable, ya que sospechaban que ninguna flota europea tendría autonomía suficiente para cubrir la enorme distancia que el viaje de Colón suponía. Sin embargo, había un detalle con el que absolutamente nadie contaba: la

Christophe Colomb, Vincent Lorant-Heilbronn, 1904.

Isabel, una mujer maravillosa
Marcelo Gullo Omodeo

España no llegó a América ávida de ganancias, ni dispuesta a volver la espalda y marcharse una vez exprimido y saboreado el fruto. Su empresa tuvo el sino de una auténtica misión. La conquista de América vino aparejada de un interés real por hacer prevalecer la justicia y los valores cristianos en una época brutal y sanguinaria.

Ese empeño hizo de España una excepción en la historia de la humanidad porque, ni antes ni después, una nación se comportó de esa manera. Ni siquiera Francia o Portugal, naciones igualmente católicas pero que en su proceso expansivo por ultramar se comportaron como imperios depredadores.

El motivo de esta excepcionalidad española se debe principalmente a la labor de una mujer maravillosa que la historia daría en llamar Isabel la Católica. Ella determinó que la misión de España fuese «atraer a los pueblos de Indias y convertirlos al servicio de Dios», y que la misión de la Corona sería organizar a los pueblos que habitaban las Indias bajo el imperio del derecho para que así, de esa forma, vivieran pacíficamente. Isabel decidió que España no debía destruir al indio sino ganarlo para la fe y dignificarlo como ser humano.

La historia de la humanidad es una limitada serie de instantes decisivos. Uno de ellos ocurrió el 20 de junio de 1500, cuando la reina Isabel expidió una Real Cédula por la cual ordenaba la libertad de unos nativos de América que Colón había enviado para que fueran vendidos como esclavos, de acuerdo con las normas del derecho vigente en la época. La reina dijo entonces que los indios eran vasallos de la Corona y que, como tales, no podían ser esclavizados. Isabel no actuó así por consideraciones jurídicas ni económicas, ni siquiera oportunistas, sino impelida por un deber hacia su conciencia. Ella no era reina de un Estado burgués y tenía los principios morales de una católica sincera. La ética no era para la reina santa un medio, sino un fin. Isabel tomó la decisión sin precedentes de someter la política, la economía y el Estado al servicio de la fe. Esto marcaría para siempre el devenir de la historia de España y de América. Sin ella, dicha historia habría sido muy diferente. Todos los sucesores de Isabel, los monarcas de la casa de Austria, se mantuvieron leales a ese mandato, que

en última instancia constituyó su verdadero testamento político.

¿Puede afirmarse que la decisión de Isabel fue acatada, comprendida y asumida por el pueblo español? Sí, sin duda alguna, porque los casi ocho siglos de resistencia a la ocupación mahometana, más la guerra de Reconquista, habían forjado el alma y el carácter de los españoles. En su escala de valores eran importantes las virtudes como el coraje, la hidalguía y la generosidad. Entonces ¿por qué nos resulta tan difícil entender —e incluso creer— la decisión de Isabel la Católica de poner la política al servicio de la fe, o el hecho de que el pueblo español asumiera la conquista de

América como una auténtica misión, como una verdadera cruzada evangelizadora? Porque en Occidente, el hombre posmoderno, incapaz de asignar a la religión un rol central y preeminente dentro de su vida, se muestra también incapaz de concebir la idea de que, para un pueblo en algún momento de la historia, la religión haya tenido ese rol. De ahí la necesidad que encuentra de inventar explicaciones para lo que juzga como fenómenos religiosos solo en lo superficial. Por ello el solo hecho de sugerir que Isabel fue reina y santa, y que gracias a ella la conquista de América fue para España una misión, hace que caigan sobre aquel que sugiere semejante idea los rayos del pensamiento progresista.

Primer homenaje a Colón, 12 de octubre de 1492, José Garnelo, 1892.

existencia de un continente desconocido con el que Colón se topó en mitad de su camino hacia Oriente. Su hallazgo de forma inopinada tornó el previsible fracaso de su viaje en un triunfo colosal.

Durante muchos años, tanto Colón como el resto de los europeos no fueron conscientes de haber descubierto un nuevo mundo, sino que se pensaban que las carabelas castellanas habían alcanzado Asia, tal y como el navegante defendía. Pero la realidad era que las costas de las especias aún quedaban lejos —al menos a un continente de distancia— y que, a pesar de la enormidad del nuevo hallazgo, la situación para la Corona de Castilla, desde un punto de vista estrictamente

comercial, apenas había variado. El reino seguía dependiendo de otros para comerciar con los exclusivos productos de Oriente, situación que daría un importante vuelco con la propuesta de Magallanes a Carlos I que se relata en el capítulo anterior.

El descubrimiento de América es un suceso único en la historia, no tanto por el hecho de que Colón llegara a dicho continente —probablemente otros lo precedieron en ese sentido—, sino por lo que el concepto del término «descubrimiento» supone. Así lo entiende Manuel Lucena Giraldo, doctor en Historia de América e investigador del CSIC: «"Descubrir" en un sentido geográfico es un hecho que en la tradición occidental posee un peso jurídico,

Juan Rodríguez de Fonseca

Adelaida Sagarra

Juan Rodríguez de Fonseca, nacido en Toro en 1451, estudió en Salamanca y se formó con Antonio de Nebrija y fray Hernando de Talavera. Acudió a la corte llamado por la reina Isabel. Fue delegado real para los asuntos americanos entre 1493 y 1523. Como tal, coordinó los viajes a Indias a partir del segundo que realizó Colón. Fue el *autor político* del mapa de Juan de la Cosa (1500), impulsor de tres Casas de la Contratación (Sevilla, Terranova y La Coruña), amigo de nautas y mercaderes, devoto de santa María la Antigua, y armador junto a Cristóbal de Haro del viaje de Magallanes-Elcano. Don Juan frenó cuanto pudo a Cristóbal Colón y a sus dos hijos en su ambición personalista sobre América. Trabajó para servir a Dios y al rey, sin descuidar sus intereses ni los de su clientela: Yáñez Pinzón, Ojeda, los Matienzo, Briviesca, Aranda, Cartagena, Haro, González Dávila y Velázquez.

En su *trabajo de vizcaínos* —según Las Casas— recurrió las oligarquías urbanas del reino. El patricio toresano sintonizó con los patricios burgaleses. Los mercaderes del Consulado prestaron dinero a don Fernando a cambio de ventajas comerciales y cargos políticos antillanos. En 1513 se descubrió el Pacífico, y Fonseca diseñó la estrategia para buscar el paso interoceánico. Cuando Carlos de Habsburgo llegó a Castilla, Fonseca gestaba dos grandes empresas: México para Diego Velázquez y las Molucas para Cristóbal de Haro. Pero un proscrito llamado Hernán Cortés *birló* la empresa mexicana al hombre de don Juan en Cuba; con el oro azteca el capitán extremeño volvió a la legalidad, ganó el pleito contra Velázquez, obtuvo el cese de Fonseca y disputó la especiería a los burgaleses. Ese mismo año, 1522, aportaron en Sevilla Juan Sebastián Elcano y sus hombres, con una carga de clavo. Habían circunnavegado el planeta. Empezaba para los mercaderes burgaleses el difícil sueño especiero.

Otra de las tareas de don Juan fue la diplomacia: negoció la recuperación de la Cerdaña y el Rosellón para Aragón, gestionó la política matrimonial y regateó con el emperador Maximiliano la dote de doña Juana. Presidió la junta que discutió las leyes indigenistas de 1512 y las Cortes de Burgos de 1515. Fue obispo de Badajoz, Córdoba, Palencia y Burgos y arzobispo de Rossano (Nápoles). Otra de sus tareas fue el levantamiento de fondos para la Corona. Sentó las bases de los Consejos de Hacienda y de Indias. Murió en Burgos, el 4 de noviembre de 1524.

Detalle de *Alba de América*, llegada de las tres naves de Cristóbal Colón a las costas de las Indias Occidentales, Antonio Brugada, 1856.

político, económico, científico y tecnológico. En el caso de América implica el hecho de llegar a un lugar cuya existencia era desconocida en Occidente y a continuación regresar para contarlo y demostrar que ese lugar existe, abriendo de esa forma un camino para llegar al nuevo continente que posea una permanencia y estabilidad a lo largo del tiempo. En definitiva, lo que hace único el viaje de Colón no es solo que llegara a América, sino que además fuera capaz de regresar a Castilla para contarlo y dar a conocer su hallazgo a todo el mundo».

Adelaida Sagarra Gamazo, doctora en Historia de América, lo cuenta de este modo: «Cuando Cristóbal Colón vuelve de ese intento especiero en el que ha fracasado, trae, sin embargo, seis o siete hombres y mujeres taínos, trae pequeñas piezas de oro guanín... es decir [demuestra que], ha llegado a algún sitio, y, además a un sitio nuevo y de gran interés y potencial».

Como consecuencia del descubrimiento de América, los reyes nombraron a Colón virrey, almirante y gobernador. Cuando advirtieron el carácter personalista del navegante, comprendieron que le habían otorgado un enorme poder que colisionaba con el proyecto político moderno que querían llevar a cabo. Entonces buscaron a una persona con prestigio que pudiera equilibrar las fuerzas, y lo encontraron en Juan Rodríguez de Fonseca, quien se convirtió en el hombre de acción para los proyectos americanos. Fonseca fue el hombre fuerte de la Corona para organizar el reconocimiento y explotación del Nuevo Mundo. Él se encargaba de las fuentes de financiación, de la contratación de tripulantes y exploradores, de los barcos... A su muerte, en 1524, la Corona de Castilla decidió crear el Consejo de Indias, que

se encargó, entre otras cosas, de llevar a cabo todas aquellas labores que Fonseca había gestionado con tanta eficacia. Pero este no fue el único organismo creado tras la aparición del Nuevo Mundo. Con el incremento del flujo de la navegación entre América y Castilla, se fundó en 1503 en Sevilla la Casa de la Contratación, encargada de regular el comercio, leyes y demás aspectos administrativos, así como de los científicos y tecnológicos.

Cuando, en 1580, la crisis sucesoria en Portugal se resolvió en favor de Felipe II, las cancillerías de toda Europa se estremecieron: la Corona de España y la de Portugal quedaban unidas en una sola monarquía bajo un único gobierno.

La alarma que esta unión peninsular generó en los demás reinos estaba bien justificada. Ambas naciones ibéricas eran, por separado, dos enormes estados transoceánicos. Los cimientos de esta colosal estructura política y geográfica habían comenzado a colocarse alrededor de cien años antes, con 1492 como fecha clave.

Juntos conformaban un imperio sin rival que se extendía por todo el orbe.

Pedro de Medina (*c.* 1493-1567)

Cosmógrafo, historiador y clérigo español, su famoso *Arte de navegar*, de 1545, fue el primer tratado escrito sobre esta materia. En sus páginas se lee que «un marinero actual es más sabio que Aristóteles, conoce más mundo que Aristóteles».

Medina sirvió a la casa ducal de Medina Sidonia y fue tutor del hijo mayor de los duques. En algún momento de esa primera etapa debió de ser ordenado sacerdote, pues ya en 1538, fecha en que se documentan sus primeras actividades científicas en el círculo científico de la Casa de la Contratación de Sevilla, aparece como clérigo.

Fue hombre docto en letras y matemáticas, pero no marino profesional, lo que afectó negativamente a su carrera como cosmógrafo, pues le enfrentó con los marinos prácticos del entorno de la Casa de la Contratación.

Allí mantuvo distintas controversias con pilotos de prestigio como Sebastián Caboto y Diego Gutiérrez. En estas disputas entre los llamados «pilotos que navegan» y los cosmógrafos —grupo al que pertenecía Medina— la Casa de la Contratación se posicionó a favor de los primeros mientras que el Consejo de Indias favoreció a Medina.

En 1552 publicó un *Regimiento de Navegación* —en el que se incluían las reglas, declaraciones y avisos de *El Arte de Navegar*—, un manual más conciso y divulgativo que su obra anterior. En la obra, Medina aseguraba que durante el ejercicio de su cargo de examinador de pilotos había comprobado lo poco que estos sabían sobre la navegación, y que por este motivo había compilado las reglas, declaraciones y avisos sobre el tema.

«Quien conoce la historia construye el futuro»

Marcelo Gullo

III. La conquista la hicieron los indios

Hernán Cortés, los indios y la Malinche

«La auténtica artífice de la conquista del hoy llamado México, fue una mujer: doña Marina»

Martín Ríos Saloma

Ante la pregunta «¿quién conquistó México?» es probable que la respuesta inmediata que acuda a nuestra cabeza sea Hernán Cortés. Sin embargo, la conquista del Imperio azteca, que tuvo lugar entre 1519 y 1521, fue un acontecimiento complejo en el que participaron muchos actores y en el que Cortés destacó con un merecido protagonismo.

Nacido en Medellín (Extremadura) en 1485, Hernán Cortés conoció el triunfo ya desde muy joven. Proveniente de una familia hidalga, a los diecinueve años se embarcó rumbo a América. Fue a La Española, a Santo Domingo, y apenas una década más tarde se había convertido en un hombre acaudalado que poseía hatos y encomiendas. Con riquezas y una buena posición social ya asegurada, podía haber llevado una existencia tranquila y plácida en Santo Domingo, pero Cortés albergaba inquietudes y una suerte de ambición inagotable que lo llevó a buscar fortuna en Cuba. En la isla escuchó rumores acerca de un enigmático imperio del oeste y decidió aventurarse de nuevo tras la pista de aquel fascinante reino desconocido.

La historiografía tradicional denomina como aztecas o mexicas a un pueblo mesoamericano de origen nahua. Fundadores de la gran ciudad de Tenochtitlán, los aztecas afianzaron su poder a partir del siglo XV combinando una política de alianzas y de conquistas. El Imperio azteca se había convertido en una potencia hegemónica y dominadora en Centroamérica gracias a las conquistas de Moctezuma Ilhuicamina (1398-1496), quien sometió a varios pueblos y señoríos al gobierno de Tenochtitlán, la capital de su imperio.

Los más de cuatrocientos pueblos dominados por los aztecas debían pagar gravosos tributos al emperador que, a menudo, implicaban sacrificios humanos y canibalismo de carácter ritual. Esta fue una de las realidades más chocantes con las que se encontraron Hernán Cortés y sus hombres a su llegada a Nueva España en 1519. Muchos de ellos terminarían siendo víctimas de estas prácticas, que estaban muy arraigadas en los rituales de los indígenas.

Etimológicamente, la palabra sacrificio significa «llegar a lo sagrado». Los mexicas llegaban a lo sagrado extrayendo el corazón de hombres y mujeres a quienes seleccionaban para ser inmolados. En el proceso, los sacerdotes practicaban una incisión por debajo de la caja torácica por la que introducían la mano para extirpar el corazón. Después, la víctima era desollada y desmembrada y sus restos servían como alimento sagrado para la nobleza mexica. El muslo derecho correspondía siempre al emperador, como muestra de agradecimiento y respeto.

El sacrificio respondía a varios motivos. Por un lado, era el modo de regenerar la vida ofreciendo carne a los dioses para conseguir su favor. En la visión mesoamericana, la guerra y la muerte contribuían a la renovación de la vida, aunque suene paradójico dada la cantidad de sangre que en ella se derramaba, pues la sangre nutría al sol y a la tierra. Además, según contaba fray Diego Durán en *Historia de las Indias de Nueva España y islas de tierra firme*, los sacerdotes mexicas tenían la carne humana «por carne consagrada y bendita, y la comían con tanta reverencia y con tantas ceremonias y melindres como si fuera alguna cosa celestial».

La práctica regular de sacrificios humanos servía, por otro lado, como demostración de poder sobre los pueblos sometidos a los aztecas. El huey tzompantli de Tenochtitlán, por ejemplo, fue edificado con los cráneos de los prisioneros de guerra ofrecidos en sacrificio. Este enfoque de la muerte influía directamente en el modo en que los aztecas afrontaban la guerra, buscando no tanto causar el mayor número de bajas al enemigo, sino más bien hacerse con la mayor cantidad posible de prisioneros para ofrecerlos después en sacrificio. La Corona española prohibió estas prácticas en 1521.

El malestar hacia sus dominadores era, por tanto, notorio y una oportunidad que Cortés supo capitalizar en beneficio de la Corona de España. El académico y politólogo argentino Marcelo Gullo lo explica así: «Todo el pueblo dominado por los aztecas se lanza a los brazos de Cortés para liberarse del sacrificio que les exigían en sangre sus amos y señores de Tenochtitlán. El famoso genocidio no existió, en realidad la conquista de México no la hizo Hernán Cortés, sino que la hicieron los indios».

Cortés contaba con recursos militares como arcabuces, caballos o perros que resultaron de gran utilidad en los enfrentamientos, pero no disponía en absoluto de un ejército suficientemente numeroso para llevar a cabo la conquista de un imperio tan poderoso como el de los aztecas, capaz de movilizar a un millón de soldados para su defensa. De ahí

The text within the painting reads:

El General D.n Nicolas Mon
tañez Yndio Cazique y S.to q.e fue de Tula.
Caballero del orden de Santiago, que con
el auxilio de 38. Caciques Cabos prinsipa-
les de Tula, y Xilotepec, y de 26000. Yndios
Combatientes, y 300. Caballos; el dia 26 de
Junio de 1631. dio la famosa Batalla ha un
Exercito de mallor numero de Yndios Barba-
ros de la Nacion Chichimeca, en el Campo y
Cerro de S.an Gremal, donde oy se venera el Co-
tejio de los Apostolicos Misioneros de la Santa
Cruz de Querétaro, durando el sangriento Combate onze horas con hlgual furia de uno y otro
campo, hasta q.e por ultimo se aclamo la Victoria
por el exercito Christiano, con auxilio del Patro
de las Españas el Apostol S.or Santiago, y de la
S.ma Cruz q.e visible mente se vio en el Cielo la
q.e copia se hallo despues entre las fajas pie-
de los montes de aquel circuito, i oy se honera
Milagrosa en esta Ciudad en el espresado Co-
legio, como a quien se deve la Conquista

Nicolás de San Luis Montañez, fundador de Querétaro, siglo XVIII.

97

Malintzin

Martín F. Ríos Saloma

El nombre de Malintzin está ligado al proceso histórico desarrollado entre abril de 1519 y agosto de 1521 que tuvo como resultado la conquista de la ciudad de México-Tenochtitlán por un numeroso ejército indohispano. Una lectura deformada de aquel proceso realizada en el siglo XX convirtió a esta mujer indígena en un personaje que representaba no solo la parte más dramática de la conquista —el sometimiento del cuerpo, la violación—, sino también la traición a su propio pueblo y el acercamiento con los foráneos que llegaron al territorio mesoamericano. Afortunadamente, distintas investigadoras como Camilla Townsend, Berenice Alcántara o Elena Mazzetto han analizado bajo nuevas miradas a este personaje central de la conquista.

Diversas son las fuentes, tanto indígenas como castellanas, que ofrecen noticias sobre Malintzin; sin embargo, son pocos los datos biográficos fidedignos con los que se cuenta. Nació, con toda probabilidad, en los primeros años del siglo XVI en la región sur del actual estado de Veracruz. Algunos autores apuntan que era originaria de la población de Olutla y que procedía de una familia noble. Aunque esta noticia no puede contrastarse, su forma de actuar y su conocimiento de las complejas relaciones políticas, el comportamiento de la nobleza y los ceremoniales indígenas parecerían corroborarlo. Tampoco se tienen noticias sobre cómo perdió la libertad y entró al servicio del señor de Potonchán. Cuando este último fue derrotado por la expedición encabezada por Hernán Cortés en la batalla de Centla, regaló a los castellanos diversas mujeres. Una de las cautivas fue Malintzin.

No se conoce el nombre original de nuestro personaje. Tras ser recibida por Cortés, fue bautizada como Marina. Como en náhuatl no existe el fonema «r», los indígenas se refirieron a ella como «Malina», añadiendo después el sufijo «tzin», que en dicha lengua denota respeto, y se formó así su nombre indígena: Malintzin. Los europeos, por su parte, castellanizaron el nombre bajo la forma de «Malinche». Paradójicamente, los indígenas se refirieron a Cortés como Malinche, pues el capitán extremeño era la figura que estaba siempre al lado o detrás de doña Marina y con quien compartía el poder y la autoridad de la palabra, formando una dupla indisociable.

Cortés entregó en un primer momento a Malintzin a Alonso Hernández Portocarrero. Muy pronto esta mostró su inteligencia y sus dotes para las lenguas, convirtiéndose en el eslabón esencial en el proceso de traducción durante los primeros contactos: los emisarios indígenas hablaban a Marina en náhuatl; esta traducía al maya y Jerónimo de Aguilar lo hacía del maya al castellano. Con el tiempo, ella aprendió el castellano, relegando al religioso a un segundo plano y entrando directamente al servicio de Cortés. Fue así como Malintzin adquirió un papel protagónico en la forja de las alianzas políticas y militares entre la expedición castellana y los señoríos indígenas,

pues, gracias a su labor como mediadora y traductora cultural, hizo posible que Cortés comprendiera el complejo mundo simbólico mesoamericano y que los distintos caciques entendieran las ventajas de sumarse a la alianza que se iba tejiendo para enfrentar a los mexicas.

Malintzin sobrevivió al episodio de la Noche Triste ocurrido en el verano de 1520 y formó parte activa de la organización del sitio de la capital tenochca. Tras la rendición de Tenochtitlán cohabitó con Cortés, con quien tuvo a su primer hijo, Martín Cortés. Sin embargo, el arribo de Catalina Juárez, la esposa legítima del capitán extremeño, la obligó a separarse del conquistador y a contraer nupcias con Juan Jaramillo, con quien tuvo a su hija María. Malintzin recibió una importante encomienda que fue objeto de pleitos tras su muerte, ocurrida en los meses finales de 1528 o principios de 1529, producto de alguna de las epidemias que asolaron el territorio novohispano.

La figura de Malintzin resulta fundamental no solamente para comprender los complejos procesos de interacción entre las sociedades indígenas y la hueste castellana, sino también para estudiar el nacimiento de un nuevo mundo en el que se conjugaron dos tradiciones culturales, y para reivindicar el papel importante que las mujeres tuvieron en el proceso de conquista y la forma en que dicho proceso incidió en los derroteros personales de aquellos hombres y mujeres del siglo XVI.

Códice Tudela, 1530-1554.

la relevancia del descontento de la población sometida.

Cada uno de estos pueblos tenía una identidad propia, cultura y tradiciones, que no necesariamente coincidían con las de sus amos, y con la llegada de Cortés y los españoles vieron una oportunidad irrechazable para poner fin al dominio que ejercían sobre ellos los soberanos mexicas. Hartos de las atrocidades que les infligían los sanguinarios tiranos aztecas, dichos pueblos se aliaron con los españoles para librarse del yugo que los exprimía con brutalidad. El historiador mexicano Martín Ríos Saloma lo describe así: «La conquista militar [de México] no la hacen solamente los españoles sino también los indígenas mesoamericanos

en nombre del rey [de España]. Ellos conquistan a las tribus bárbaras seminómadas del norte. Y eso es fascinante, porque, en el fondo, son parte del ejército español, son soldados del rey. Por ejemplo, un cacique de Tetzcoco que fue el encargado de conquistar toda la parte de Querétaro y del norte de México, aparece representado [en una pintura] con su bengala de general y con su cruz de Santiago, igual que un capitán del ejército español».

Pero el mayor aliado con el que contó Hernán Cortés para hacerse con el absoluto dominio de Nueva España no fue un hombre, sino una mujer: doña Marina, *Malintzin*. Martín Ríos Saloma explica la importancia de Malinche en el triunfo de la empresa española: «Cortés lo

Conversaciones entre Cortés y Moctezuma
Ramón Tamames

El 8 de noviembre de 1519 tuvo lugar un suceso de enorme trascendencia para la historia de dos grandes imperios: el primer encuentro entre Hernán Cortés y el *tlatoani* Moctezuma, soberano de los aztecas.

Sabemos que dicho encuentro se desarrolló en clima de cordialidad. El emperador incluso otorgó a Cortés una residencia, el palacio de Axayácatl, para que lo utilizara como alojamiento con su plana mayor. Este fue el primer paso de un largo cortejo diplomático que se prolongó durante ocho meses, entre 1519 y 1520. Un hecho histórico que inspiró a diversos artistas a lo largo del tiempo, como fue el caso del compositor Antonio Vivaldi, uno de los primeros en reparar en esta historia y trasladarla a su ópera *Moctezuma*, estrenada en 1733 y apenas escuchada, por desgracia, en Europa o en América durante las celebraciones del Quinto Centenario de la conquista de México que tuvieron lugar en 2019.

Las prolongadas charlas entre Hernán Cortes y el emperador azteca no habrían sido posibles sin el concurso de una gran mujer, la intérprete más importante de Nueva España: la princesa Malinche, conocida también como doña Marina. Sin ella, el más inteligente de los conquistadores españoles no hubiera podido desplegar la gran actividad diplomática que siguió en la ruta de Veracruz al lago de Tezcoco —donde estaba Tenochtitlán—, y con la que se ganó la amistad de una serie de etnias originarias del altiplano que estaban en contra de los aztecas, a quienes consideraban crueles dominadores que les imponían tributos cada vez más gravosos. Dichos tributos incluían también la entrega regular de prisioneros, mujeres y niños, para ser objeto de antropofagia por sacerdotes y notables en las fiestas religiosas de Tenochtitlán.

Fue doña Marina quien habló a Cortés por primera vez de los mitos aztecas, de los dioses y creencias en los que Moctezuma depositaba su fe. Uno de ellos, Quetzalcóatl, el dios bueno, había vaticinado tiempo atrás que regresaría a la Tierra en forma carnal una última vez antes del fin de los tiempos, y que su aspecto sería el de un hombre blanco y barbado.

Aún no hay consenso entre los historiadores sobre si Moctezuma consideraba realmente a Cortés como la encarnación de Quetzalcóatl, pero de lo que no cabe duda es de que las relaciones entre ambos siempre estuvieron marcadas por el respeto, y puede que incluso por cierto afecto personal. Sin embargo, esta delicada diplomacia tejida por los españoles acabó haciéndose jirones debido a diferentes sucesos.

Uno de ellos fue la llegada de un grupo de hombres armados que Diego Velázquez de Cuéllar envió desde Cuba hasta Tenochtitlán para hacer apresar a Cortés, celoso de sus conquistas. A la cabeza de estos soldados estaba Pánfilo de Narváez, quien fracasó en su intento de castigar a don Hernán. Estos roces entre los españoles serían uno de los detonantes que desharían la convivencia con los súbditos de Moctezuma y desembocarían en la sublevación de la Noche Triste, cuando los mexicas expulsaron violentamente a Cortés de Tenochtitlán obligándole a buscar refugio en Tlaxcala.

Tras este suceso, la reconquista de la capital azteca se convirtió en un pensamiento fijo en la mente del conquistador extremeño. La estrategia que siguió para lograrlo es hoy

objeto de estudio en las academias militares: una gran batalla naval con trece bergantines españoles y una política de cerco cerrado a la ciudad, merced al apoyo que Cortés recibió de sus aliados indígenas: tlascaltecas, cholutecas, totonecas y otras etnias originarias que combatieron al lado de los españoles contra los mexicas. Así las cosas, hoy todavía se dice que la Nueva España la conquistaron los indios en tanto que la independencia de 1821 la lograron los españoles mismos, en su condición ya de criollos, en busca de su propia república.

Parecía que los augurios de Quetzalcóatl sobre el fin del Imperio azteca hubieran acabado por confirmarse. Las tropas de Cortés llevaban consigo el mandato de evangelizar los nuevos territorios, cuya soberanía sobre ellos por parte de los Reyes Católicos era oficialmente reconocida por el papa en las llamadas «bulas alejandrinas» emitidas a lo largo de 1493.

Pero por encima de las ganancias de oro u otras riquezas, lo que trajo consigo la conquista de Cortés fue la creación de un nuevo estado: Nueva España, una realidad fruto del mestizaje masivo e inmediato entre españoles y nativos. Los grandes intérpretes —como José Luis Martínez y Juan Miralles, biógrafos de Cortés, o como el historiador e hispanista Hugh Thomas— son unánimes en que no hay en toda la historia universal un caso como el de Cortés y el mestizaje en México.

Como dijo Vasconcelos, refundador de la Universidad Nacional Autónoma de México: «Por mi raza hablará el espíritu», lo que significa que de la actividad conquistadora de Cortés surgió una nueva etnia, mixtura de lo originario y de lo llegado del mar. De este modo se forjó la civilización de las tres culturas hoy representadas en la plaza de Tlatelolco en Ciudad de México: los aztecas, los recién llegados españoles y la nueva nación surgida de las dos estirpes originarias.

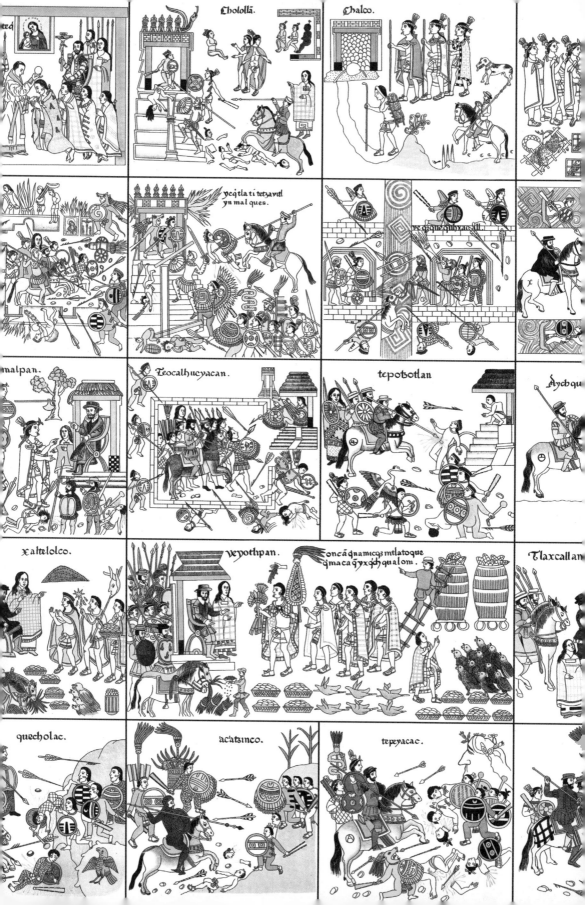

Cholollā.

Chalco.

yeq̃tlā ti tetzaviuil yn mal ques.

ve ci q̃ue q̃uhxac all

malpan.

Teocalhucyacan.

tepotzotlan

Aychqu

xaltelolco.

veyothpan.

onca q̃namicq̃s mtlatoque q̃maca q̃ yxoch qualom.

Tlaxcallan

quecholac.

acatzinco.

tepeyacac.

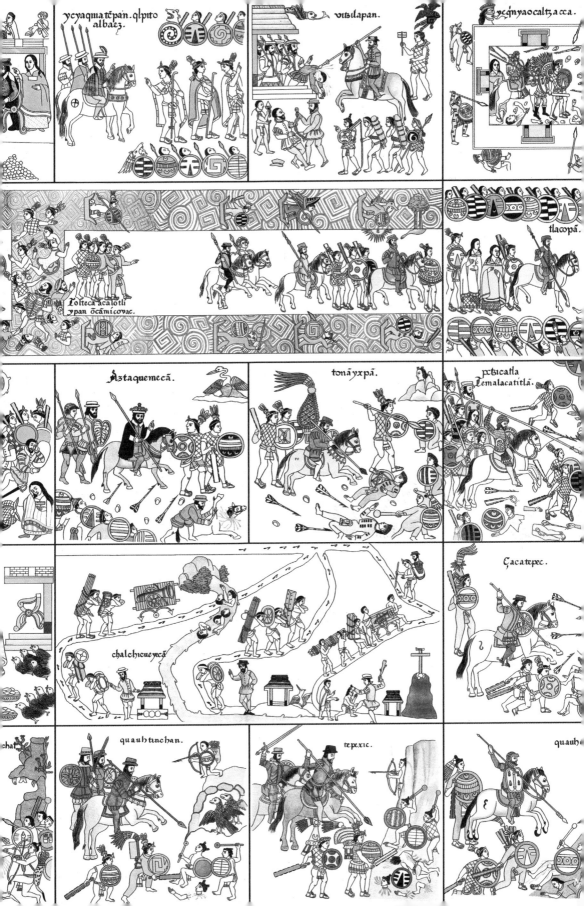

yeyaquma tēpā.qlpito albaez.

vitsilapan.

ycēmyaocaltzacca.

tlacopā.

tolteca acalotli ypan ōcāmicouac.

Aztaquemecā.

tonāyxpā.

petsicatla Temalacatitlā.

chalchicueyecā

Çacatepec.

quauhtinchan.

tepexic.

quauh

MANV — DI — ORE

HISTORIA VERDADERA
DE LA CONQVISTA DE LA
NVEVA ESPAÑA.
Escrita
Por el Capitan Bernal Diaz del
Castillo, Vno de sus Conquistadores.
Sacada a luz,
Por el P. M. Fr. Alonso Remon, Pre-
dicador y Coronista General del Orden de
N.S. de la Merced, Redencion de Cautiuos.
A la Catholica Magestad del
Mayor Monarca D. Filipe
IV. Rey de las Españas y
Nuevo Mundo N. S.

Con Priuilegio. En Madrid, en la Emprenta del Reyno.

D. Fernando Cortes. — P. Fr. Bartolom

Bernal Díaz del Castillo

Bernal Díaz del Castillo (1496-1584) fue un conquistador y cronista español. Hasta 1519 participó en las expediciones de Francisco Hernández de Córdoba y Juan de Grijalva. Ese año se embarcó con Hernán Cortés, bajo cuyas órdenes participó en la conquista de México y la caída del Imperio azteca. Después decidió establecerse definitivamente en Guatemala, en Santiago de los Caballeros. Allí fue donde leyó la *Historia general de las Indias*, de Francisco López Gómara, capellán de Cortés. López Gómara, que no había estado en México, relataba la historia de la conquista atribuyéndole todo el mérito a Cortés. En desacuerdo con lo que leyó en el libro, Díaz del Castillo decidió escribir su propia versión de los hechos: *Historia verdadera de la conquista de la Nueva España*, gracias a la cual ha llegado a nuestros días el relato de su historia, la de sus acompañantes y la de la realidad de la América del siglo XVI con muchísimo detalle. En su obra, Díaz del Castillo hizo hincapié en el papel de los soldados españoles a la vez que describió con respeto la defensa heroica de los indígenas.

Cuauhtémoc

Cuauhtémoc (1496-1525) fue el último emperador de los aztecas. Según las crónicas de Bernal Díaz del Castillo, era de buena disposición y rostro alegre, de color más claro que el resto de los indígenas y estaba casado con una mujer muy bella, hija de su tío Moctezuma. Cuauhtémoc se entregó a Hernán Cortés tras la derrota de Tenochtitlán, donde se llevó a cabo la última resistencia indígena en contra de los españoles y sus aliados enemigos de los aztecas. Reconociendo que ya había hecho todo lo que podía por la defensa de su pueblo, le pidió al conquistador que acabase con su vida. Era costumbre que a los guerreros muertos en combate o en sacrificio se les destinara a acompañar al sol desde su salida por el oriente hasta el mediodía. Es decir, lo que el soberano azteca pidió a Cortés fue que le sacrificase para completar su ciclo como gran capitán del ejército azteca y poder acompañar al sol. Sin embargo, Cortés no entendió la petición y lo perdonó. Más adelante, al sospecharlo parte de un plan de levantamiento, ordenó su ahorcamiento, muerte que supuso una gran ofensa para el emperador, cuyo destino habría sido el de morir a filo de obsidiana. Hoy día, en Tlatelolco, vecina de Tenochtitlán, hay una placa de mármol que reza así: «El 13 de agosto de 1521, heroicamente defendida por Cuauhtémoc, cayó Tlatelolco en poder de Hernán Cortés. No fue triunfo ni derrota, fue el doloroso nacimiento del pueblo mestizo que es el México de hoy».

Historia de los indios de la Nueva España: Extractos del *Códice Durán,* 1581.

desconocía absolutamente todo de la tierra a la que había llegado. Ignoraba cuántos pueblos la habitaban, quiénes eran amigos y quiénes eran los enemigos... Marina, sin embargo, que era hija de un noble, sabía perfectamente con quiénes se podían establecer alianzas y de quiénes había que desconfiar. Ella fue la responsable de guiar y asesorar a Cortés en la forja de esas alianzas. Podría decirse que la verdadera artífice de la conquista del hoy llamado México ha sido una mujer, que es la propia doña Marina».

El político y economista español Ramón Tamames se rinde ante la magnitud de la labor llevada a cabo por el español: «Cortés es el inventor de México, pues él construyó las bases de una nación, incluso de su estructura

económica. ¿Qué leyenda hay más portentosa que esa? Es un caso único: un estadista que crea un estado nuevo. Es impresionante».

Como capitán de un ejército y hombre de su época, Cortés ejerció la violencia cuando se vio obligado a ello, pero su admiración frente a los nativos y el Nuevo Mundo es un hecho incontestable, como queda de manifiesto en sus *Cartas de relación* dirigidas al emperador Carlos V, en las que describe con minuciosidad y con gran estilo literario las maravillas de la realidad americana que ha descubierto.

Cortés no recorrió solo el camino hacia la llamada «conquista de México», sino que esta fue posible gracias a una gran alianza con los pueblos nativos.

La Noche Triste

La expedición de Hernán Cortés llegó a Tenochtitlán, capital del Imperio azteca, en noviembre de 1519. Meses después, el 30 de junio de 1520, tendría lugar la conocida como Noche Triste, en la que perderían la vida hasta seiscientos hombres de Cortés, según Bernal Díaz del Castillo, y miles de tlaxcaltecas.

Cortés tuvo claro desde un principio que la técnica para conquistar debía basarse en una serie de alianzas con los pueblos rivales de los aztecas. Su primer éxito fue el convenio con los tlaxcaltecas, enemigos acérrimos de los aztecas y víctimas habituales de los sangrientos sacrificios humanos que estos ofrecían a sus dioses. Tras superar no pocos obstáculos, la expedición de Cortés, formada por cuatrocientos españoles y varios miles de indios tlaxcaltecas, logró entrar en la gran ciudad de Tenochtitlán, capital del Imperio azteca, en noviembre de 1519. El palacio del emperador Moctezuma y sus grandes riquezas de oro dejaron impresionados a los españoles. Cortés, que se percató inmediatamente de que los aztecas le eran más bien hostiles, decidió apresar a Moctezuma en su propio palacio.

En mayo de 1520, Cortés tuvo que abandonar precipitadamente la ciudad para combatir a la expedición de Pánfilo de Narváez, y Pedro de Alvarado quedó al mando de sus hombres en la capital. El 16 de mayo, durante la gran fiesta de Toxcatl, Alvarado ordenó a sus hombres irrumpir en la ceremonia y matar a los nobles asistentes. Esta matanza ha pasado a la historia como la Matanza de Tlatelolco. No se sabe definitivamente por qué motivo tomó esta decisión el capitán español: su miedo —y el de sus compañeros, rodeados de poderosos enemigos—, a que los matasen y sacrificasen; el deseo de los tlaxcaltecas de vengarse de los odiados aztecas; el peligro, a ojos de Alvarado, de que la fiesta diera origen a un ataque de los mexicas o su imprudencia y prisa por buscar una solución violenta... Quizá fue una suma de todas estas razones. El caso es que con ella se rompió el equilibrio que había existido hasta ese momento, y que fue el principal detonante de los sucesos del 30 de junio de 1520.

Cuando Cortés tuvo noticias de la matanza, volvió a toda prisa a Tenochtitlán, adonde llegó el 24 de junio de 1520. Reprendió a Alvarado por su comportamiento, pues su intención era la conquista pacífica del Imperio indígena, y pidió a Moctezuma que saliera al balcón para intentar calmar los ánimos. Pero el resultado, lejos del esperado, fue la muerte del emperador de una pedrada. La muerte de Moctezuma dejó a Cortés en una situación insostenible y, viendo que todo estaba perdido y que el cerco se estrechaba, el 30 de junio decidió huir y ordenó a sus hombres que cargasen con todo el oro posible. Los mexicas, que supieron enseguida del plan, los estaban esperando y los atacaron sin piedad. Aquella Noche Triste de lluvia y sangre, en la laguna que rodeaba Tenochtitlán, quedaron enterrados cientos de hombres y de caballos, y la mayor parte del tesoro que habían intentado sacar del palacio.

«*Los conquistadores son héroes de frontera. Y ese impulso es el de la España del siglo XVI*»

Manuel Lucena Giraldo

IV. Mestizaje *versus* colonialismo

Hispanoamérica no fue una colonia

«Algo que caracteriza absolutamente y define la colonización española es el mestizaje»

Adelaida Sagarra Gamazo

Si existe una cuestión fundamental en la conquista de América a la que apenas se le suele dar relevancia, pero que contribuye enormemente a la distorsión del pasado de España, esa es la del mestizaje y el colonialismo.

Al contrario de lo que sucedió cuando otros países europeos se lanzaron a la conquista y ocupación de nuevos territorios, los españoles favorecieron siempre el mestizaje con la población autóctona. De hecho, desde el primer momento de su llegada a América no solo se autorizaron los matrimonios con indígenas —algo prohibido por los británicos en la India, por ejemplo—, sino que incluso se animó a los súbditos de la Corona a que se celebraran, ya que se veía como algo deseable. Es por este motivo, entre otros, por el que la americanista española Enriqueta Vila Vilar piensa que a «la conquista de España en América no se le debe llamar nunca colonización, porque no hicieron colonia. El Imperio americano no hizo colonia. Trasladó la forma de vivir de los españoles allí».

Así pues, la Corona española nunca creó «colonias» en América en el sentido en que lo hicieron otras potencias como Inglaterra u Holanda, sino que se estableció en el continente en forma de virreinatos primero y de provincias de ultramar después, en los cuales todos sus habitantes gozaban de los mismos privilegios y obligaciones que cualquier otro súbdito de la Corona en cualquier otra parte

Eſpañol con Negra, ſale mulato.

mulato

Generaſion de Yndios.

Eſpañol Con Y

... sale Cuarteron.

Cuarteron con Española, sale Salta atras.

...esfiza.

Español con mesfiza Sale Castizo.

Indigenismo

Adelaida Sagarra Gamazo

La documentación sobre los descubrimientos americanos, entre 1493 y 1524, muestra dos horizontes contrapuestos: la asimilación del buen tratamiento de los indios y, por el contrario, su cosificación. El primero comprende ideas como pacificación, defensa, pactismo, evangelización y súbditos libres. El segundo, conceptos como esclavitud, represalias, castigos ejemplares, caprichos personales, agravios, promesas incumplidas, razones de estado o falta de conciencia.

La Corona, responsable de la evangelización y de la protección de los nativos, fue generando un cuerpo legal en la medida que iba adaptándose a la realidad humana de América. Este sería el origen de una compleja legislación indigenista que fue articulándose a lo largo de los años.

Podría decirse que esta actividad legisladora comenzó en el mismo momento en que los primeros indígenas taínos llegaron a la Corte de Castilla en 1493. Fueron recibidos por los reyes, junto a Colón. El almirante intentó enriquecerse con el tráfico humano, pero en 1495 los reyes frenaron la venta de indios esclavos hasta verificar si era éticamente aceptable. El dictamen de los maestros salmanticenses fue que los indígenas eran personas y, por tanto, súbditos libres, de modo que, en 1500, los taínos capturados por Colón —o, al menos, los que pudieron hallarse— fueron devueltos a las Antillas para que vivieran libremente. En 1503 el obispo Juan Rodríguez de Fonseca diseñó un espacio de protección para los indígenas, los Pueblos de Indios, donde podían vivir sin temor a ser capturados o explotados. Allí, cada familia poseía una casa y tierra propias y las autoridades españolas velaban porque las mujeres no fuesen violentadas y los hombres trabajaran para la Corona sin ser esclavizados y cobrando su salario. Esta política se vería

refrendada por el testamento de Isabel la Católica, que legaba una línea de gobierno: el buen tratamiento de los indios.

A pesar de todo, las prácticas abusivas hacia los indígenas eran difíciles de erradicar. En 1511 los dominicos denunciaron los malos tratos infligidos a los nativos en la isla Española. Estas denuncias lograron captar el interés de la Corona, que se propuso abordar y resolver el problema. Su primera medida fueron las Leyes de Burgos de 1512 y las añadidas en Valladolid en 1513. El espíritu de esta batería legislativa era que los indios recibiesen un trato justo y digno, en consonancia con el mensaje evangélico que se quería predicar en el Nuevo Mundo.

Las ordenanzas de Burgos y Valladolid tipificaban obligaciones para las autoridades y los encomenderos, así como los castigos a quienes no cumplieran con la ley. También regulaban la evangelización, el régimen de trabajo y descanso, la economía y vivienda familiares, las condiciones de vida material, los trabajos permitidos a mujeres solteras o embarazadas de más de cuatro meses y el aprendizaje de los hijos de los caciques.

En la medida en que nuevas tierras y sociedades más complejas se fueron incorporando a la Corona, se actualizó la legislación indigenista. Se promulgaron las Ordenanzas de Zaragoza (1518), Granada (1526), las Leyes Nuevas (1542), las del Bosque de Segovia (1573), y la Recopilación de las Leyes de Indias (1680). Todas incluyeron y sublimaron las ordenanzas burgalesas. La Constitución de Cádiz de 1812 dejó de referirse a los españoles como «súbditos» del rey otorgándoles la categoría de «ciudadanos», medida que se aplicó sin distinción sobre los territorios americanos, declarando a los indígenas ciudadanos de pleno derecho de la nación española.

del mundo. Este estatuto estaba claramente reconocido en las distintas Leyes de Indias emitidas por los monarcas españoles.

España, a diferencia de otros países colonialistas, no basó su expansión ultramarina como una empresa exclusivamente comercial, sino que, además, favoreció e impulsó diferentes fenómenos de integración. La investigadora Elvira Roca Barea ve un ejemplo muy gráfico de este fenómeno en el cuadro anónimo de 1718 *Matrimonios de Martín de Loyola con Beatriz Ñusta y de Juan de Borja con Lorenza Ñusta de Loyola*, del Museo Pedro de Osma de Lima. En él se representan los esponsales entre dos hombres de la nobleza española —uno de ellos nieto de san Francisco de Borja— y dos mujeres descendientes de nobles incas. Para Roca Barea, esta pintura es «una gigantesca declaración de inclusión. La nobleza española no negó las noblezas indígenas, las aceptó como grupo de poder e incluso emparentó con ellos. Los mestizos que se engendraron de esas uniones siguieron siendo nobles. Esta situación contrasta con la del Raj Británico de la India, donde hasta el siglo xx estuvieron prohibidos los matrimonios mixtos. Violar esa norma acarreaba la exclusión social y afectaba negativamente al desarrollo de las carreras profesionales. Incluso el Marajá de Kapurthala, por ejemplo, que se casó con la española Anita Delgado, una mujer blanca, tuvo que ver cómo aquel matrimonio no era reconocido legalmente. Su esposa no podía ser invitada a ningún sitio».

El mestizaje en América fue un fenómeno prototípicamente español, como señala el franciscano Carlos Adrián López Ramos: «Nosotros los mexicanos, los latinoamericanos, somos una mezcla entre los españoles que venían de la península, los criollos, los indígenas, los mulatos, y de todos aquellos que habitaban en los territorios del reino. En cambio, en Estados Unidos es imposible encontrar esa mezcla en los descendientes de los colonos anglosajones».

Esto marca una diferencia fundamental entre España y otros reinos colonialistas. En el modelo legal español, súbditos de Felipe IV eran todos: los indios, los no indios, los mestizos, los no mestizos, los nacidos en Europa y los nacidos en América, mientras que el colonialismo de otras potencias se sustentaba sobre ideas radicalmente distintas. Se trataba de un modelo de expansión que primaba la diferencia entre la metrópolis y sus colonias. Podría decirse que Inglaterra no generó otras «inglaterras» mientras que España sí alumbró otras «españas». La monarquía hispánica no solo incorporó nuevos territorios a sus dominios de ultramar, sino que a todos ellos exportó su cultura y modo de vida: el derecho, las estructuras de ingeniería —puentes, caminos, presas, etc.—, las ciudades, los sistemas económicos y de gobierno, los centros de enseñanza... España fundó numerosas escuelas y universidades en América. Cuando los ingleses fundaron Harvard en el siglo xvii —primera universidad de sus colonias americanas—, en los dominios españoles del continente ya existían diez centros universitarios, y uno de ellos, el de San Marcos de Lima, llevaba impartiendo enseñanzas desde hacía cerca de setenta años.

El Imperio exportó lo mejor de sí mismo —no solo delincuentes y proscritos, como se ha afirmado—. Algunos de sus mejores científicos, políticos e intelectuales hicieron carrera

E.174

Códice Trujillo —o Códice Martínez Compañón—, Baltasar Jaime Martínez Compañón.

Lañuſta

IHS

D. Diego ſaui tupa   D. Fel.pe tupa amaro

D. Martin de Lo-
iola Governador de Chi-
le ſobrino de N. P. S. Ygnacio
hijo de ſu herm.ª maior D. Bel-
tran de Loiola caſo con D. Beatris Nuſta hered.ª y Princ.ª del Peru como hija de D. Diego ynga
ſu ultimo Rey p.ª aber muerto ſin hij
ſu herm.º D. Phel.e ynga de D. Mart. y d
D. Beat. nacio D. Lorenſa nuſta de L
iola q paſo a Eſp.ª p. orden de ñrs Ca-
thol.ª Rey.ª y la caſaron en M.ª con el
Ex.mo S.r D. Iuan de Borja hijo de S.
Fr.do B.ª embax.r del S. R. D. Phel.e
2. a Alem.ª y Port. con eſte Ma
trimonio ſe en parent.º con
la R.l Caça de los yngas
las 2 caças de L.ª y B.º
ade 1718.

Ad maio rem Dei Gloriam   Regulæ ſoſieta ſis IESV.

D. Martin d Loiola

Dª Beatris Nuſta Princ.ª del Peru

Borja.

D. Lorenſa, ñuſta de Loiola

Matrimonios de Martín de Loyola con Beatriz Ñusta y de Juan de Borja con Lorenza Ñusta de Loyola

Este impresionante lienzo representa las bodas que enlazaron la descendencia real incaica con la de dos de los patriarcas de la Compañía de Jesús. La primera tuvo lugar en Cuzco en 1572 y unió al capitán español Martín García de Loyola —sobrino nieto de san Ignacio y vencedor de Túpac Amaru I, el último inca rebelde— con la ñusta o princesa imperial Beatriz Clara Coya, hija de Sayri Túpac, hermano del monarca derrotado. La segunda boda, celebrada en Madrid en 1611, corresponde a la de la hija mestiza de Martín y Beatriz, Ana María Lorenza de Loyola Coya, con Juan Enríquez de Borja, nieto de san Francisco de Borja.

Entre ambas uniones mediaron casi cuarenta años, además de una enorme distancia geográfica, pero aquí se representan juntas con evidente intención propagandística. San Ignacio y san Francisco de Borja presiden la doble ceremonia, iluminados por un radiante sol que encierra el monograma de Jesús, emblema de la orden (IHS: *Iesus Hominum Salvator*). El fondo escenográfico sitúa en pie de igualdad a Cuzco y a Madrid, lo que sugiere una ideal paridad jurídica entre el espacio virreinal andino y los reinos peninsulares. Perú aparece, pues, como un territorio plenamente incorporado a la estructura imperial, en el que indios y españoles habrían sellado un pacto político de convivencia armónica.

La pintura está datada en 1718 y se hace eco del clima ideológico imperante bajo el renacimiento inca, fenómeno cultural impulsado por los nobles indígenas con el apoyo de ciertos sectores del clero y la aristocracia criolla.

Herederos de la conquista.
Martín Cortés e Isabel de Moctezuma

Martín Cortés (México, c. 1522-Granada, segunda mitad s. XVI) es uno de los mejores ejemplos de herederos de la conquista. Fue el mayor de los hijos de Hernán Cortés, fruto de su relación con la Malinche —doña Marina— y, como tal, uno de los primeros mestizos del Imperio. Debido a su condición de hijo ilegítimo, no podía considerársele como el primogénito, pero el que su madre fuera una india no le impidió ser comendador de la Orden de Santiago y servidor del príncipe Felipe (futuro Felipe II). Acompañó a su padre en su último viaje a España, en 1540, junto a dos de sus medio hermanos menores: uno legítimo —llamado también Martín Cortés— y otro bastardo, Luis Cortés.

Se casó con Bernardina de Porras, española, vecina de México. Se tiene constancia de su regreso desde España hacia Nueva España en 1562. Según unos historiadores, tanto él como sus hermanos fueron cómplices de la rebelión de los encomenderos mexicanos de 1564; según otros, lo fue de la rebelión de los hermanos González Dávila. Apresado y torturado, se le desterró a España, donde tanto él como sus hermanos fueron exonerados por Felipe II en 1574. Murió combatiendo en la guerra de los moriscos de Granada a las órdenes de Juan de Austria.

Isabel de Moctezuma fue una de las hijas del emperador azteca Moctezuma II y de su mujer, Teotlacho. Representante de los orígenes de la nobleza hispanomexicana, nació hacia 1509 y fue la última emperatriz de México-Tenochtitlán. A los once años se casó con su tío Cuitlahuac, quien murió en 1520 a causa de la viruela. Posteriormente, contrajo matrimonio con el que fue el último emperador azteca, Cuauhtémoc. En 1526, tras la muerte de su segundo marido, se convirtió al cristianismo y adoptó el nombre de Isabel de Moctezuma. En junio de ese mismo año, Hernán Cortés le otorgó la encomienda más grande del valle de México, el señorío de Tacuba (Tlacopán), como dote para el matrimonio que Cortés estaba planeando para ella con el visitador de Indias Alonso de Grado. A la muerte de este, Cortés la trasladó a su casa e inició los arreglos para su siguiente matrimonio.

Aunque Isabel y Hernán Cortés nunca llegaron a casarse, tuvieron una hija en común, Leonor Cortés, nacida hacia 1528. Esta nunca fue reconocida por su madre; en cambio, su padre le dio su apellido y la entregó al cuidado del licenciado Juan Altamirano, primo político de Cortés. En 1535, Leonor recibió el título de nobleza por Carlos V.

Isabel de Moctezuma todavía se casaría dos veces y tendría varios hijos más antes de morir el 9 de diciembre de 1550. En su testamento otorgó la libertad a todos los esclavos indios naturales de la tierra que le correspondía; ordenó misas, obsequias, mandas pías... hasta una quinta parte de todos sus bienes, y mandó pagar deudas y salarios de sus criados.

Códice Martínez Compañón, lámina 149.

en las Américas y allí, entre otras cosas, dejaron dos de los más importantes legados del dominio español: su idioma y su religión.

«Católico» en griego significa «que mira a todo», como nos recuerda el filósofo Pedro Insua, «los españoles mirábamos a todo. Los españoles aspirábamos al todo». El historiador Ignacio Gómez de Liaño considera que «sin España, posiblemente el catolicismo ahora sería casi una entelequia. La inmensa mayoría de los católicos de nuestros días se encuentran en países que fueron dominios españoles o portugueses».

Las familias castellanas empezaron a viajar al nuevo continente a partir del segundo viaje de Colón (1493-1496). También fueron habituales los viajes compuestos por mujeres solteras que no tenían fácil casarse en Castilla. Iban a América porque allí había un gran número de hombres que podían convertirse en padres de familia, en una tierra llena de oportunidades. Asimismo, viajaron esposas acompañando a sus maridos, como ocurrió en la empresa de Cortés, que no deseaban dejarlos solos durante tanto tiempo. Entre estas mujeres las había de todas las clases y condición social: nobles, enfermeras, cocineras, prostitutas..., pero también las que se embarcaban por necesidad, por amor, o por simple afán de aventura.

Se conoce el caso de una viuda de un pueblo de Córdoba que se fue a México en el siglo XVI en busca de fortuna. Murió con sesenta años en Zacatecas y en su testamento se enorgullecía de haber sido capaz de proporcionar dote a todas sus hijas gracias al fruto de su trabajo, sus hábiles inversiones en plata en el Galeón de Manila y su destreza en general para los negocios.

Este es solo uno de los muchos ejemplos de la rica variedad de gentes que llegaban a América, portando sus costumbres y sus conocimientos, que eran compartidos con la población indígena. Este proceso de asimilación cultural tenía un doble sentido, pues los nuevos colonos no solo asimilaban enseñanzas y conocimientos de la población local, sino que incluso se emparejaban con ella dando lugar a una numerosa y compleja población de criollos mestizos. Por supuesto que no todos los encuentros entre ambos mundos fueron pacíficos y exentos de violencia y abusos, pero siempre es conveniente hacer un balance equilibrado, riguroso y desapasionado de los hechos históricos. Tal y como expone el historiador mexicano Martín Ríos Saloma: «En los procesos históricos no hay buenos ni malos, ni héroes ni villanos, sino que hay actores que, en función de sus propias ideas actúan en un sentido o en otro. [Renegar de nuestra herencia hispana] es casi un acto de negación psicoanalítica, de negación de nuestro propio pasado».

**Virreinato de
Nueva España
(1535-1821)**

Los virreinatos

Los virreinatos fueron la institución local
y administrativa que el Imperio español
consideró más acertada para gobernar los
territorios que resultaron del descubrimiento
de América. Debido a su inmensidad y lejanía,
necesitaban un gobierno provincial que
pudiese atender los asuntos internos de cada
día y, a su vez, dependiese del rey y fuese fiel

Virreinato de
Nueva Granada
(1719-1819)

Virreinato
del Perú
(1542-1824)

Virreinato
Río de la Plata
(1776-1816)

a la Corona. El virrey era el responsable de administrar y gobernar en representación de la monarquía española estos virreinatos, que no se consideraban colonias sino provincias del Imperio, con los mismos derechos que cualquier otra provincia de la España peninsular.

La colonización inglesa y española en América
Enriqueta Vila Vilar

Las formas de colonización llevadas a cabo
por ingleses y españoles en América fueron
muy diferentes y obtuvieron resultados muy
dispares, por eso la tendencia a comparar
ambas resulta lógica y casi inevitable.

La historia comparada siempre presenta
dificultades, y mucho más si los periodos
cronológicos que se van a confrontar tienen la
distancia de un siglo, en una época —los siglos
XVI y XVII— en la que cambian totalmente
las mentalidades de ambos países con la
entrada de España en el Renacimiento por
un lado, y con la llegada del protestantismo
a algunos países de Europa, entre ellos, con
mucha virulencia, a Inglaterra. Existe un libro
magnífico de John H. Elliott para apreciar
largamente todo este fenómeno, *Imperios del
mundo atlántico*.

Me gustaría resaltar como hecho que influyó
grandemente en la colonización española —a
la que yo no le daría el título de colonización
sino de conquista— el que la reina Católica, con
una mentalidad aún medievalista, impusiera la
prohibición de hacer esclavos a los indios: eran
sus nuevos súbditos y, por lo tanto, no se podían
esclavizar. Esto hizo que los colonos españoles
en las nuevas tierras del reino de Castilla, en las
llamadas Indias, tuvieran cuidado en el trato que
se les daba a los hombres de otras razas, a pesar
de los abusos que se cometieron. En pleno auge
de la historia comparada, el estadounidense
Frank Tannenbaum publicó un libro en la
Universidad de Columbia, en 1963, titulado
El negro en las Américas, esclavo y ciudadano,
en el que sostenía una mayor benevolencia
y un mejor trato a los esclavos en la América
española que en la América inglesa. Esto

produjo un gran debate entre los dos tipos de ocupación de las nuevas tierras.

En 1975, el sociólogo James Lang hizo una muy interesante comparación entre las Américas y puso el dedo en la llaga con el título de su libro: *Conquest and Comerce*. En efecto, como ya he dicho, la acción de España en América se realizó como una continuación de la reconquista de España, y se trasladaron a las nuevas tierras ese espíritu de conquista material y espiritual con las consecuencias positivas y negativas que ello conllevaba, pero que las apartaron de convertirse en meras colonias. Fueron nuevos territorios que se iban sumando al reino de España, que poco más tarde sería Imperio. Instituciones, costumbres, formas de vida, grandes construcciones fueron conformando los nuevos territorios del Imperio español, alguno de los cuales llegó a superar a todos los demás. México en el siglo XVII era el territorio más brillante de Occidente.

Inglaterra nunca se propuso una gesta semejante. Su interés era puramente comercial y se limitó a crear colonias que, a medida que ganaban en importancia, estaban presididas por un gobernador. Pocas de sus instituciones fueron con los colonos, su cultura llegó a muy pocos y nunca se mezclaron con los indígenas, al contrario de lo que había ocurrido en las nuevas audiencias y virreinatos españoles. Además de los misioneros, España trasladó a América casi todas las instituciones que regían la península: leyes de todo tipo, cabildos catedralicios, gobernaciones, audiencias, virreinatos.

El virreinato era una antigua institución española que se impuso sobre todo en el reino de Aragón y en las posesiones de Italia. El buen resultado obtenido por la Corona española con esta institución para el gobierno a larga distancia —Sicilia, Cerdeña o Nápoles— hizo que se pensara en ella para las nuevas tierras ultramarinas, a pesar del fracaso que supuso en las Antillas con los Colón. Eran otros tiempos y otros territorios. Las nuevas y grandes extensiones de las tierras descubiertas por Cortés obligaron a ir adoptando una forma de gobierno que permitiera cubrir las necesidades de la población y, sobre todo, de las distancias. En el siglo XVII, cuando los dos primeros Habsburgo habían desaparecido y Felipe III llegó al trono en 1598, todo el territorio americano estaba sujeto a lo que se había ensayado en México. El virreinato novohispano, después de haber alcanzado gran parte de su extensión y de haber terminado el convulso periodo de destrucciones y construcciones, adaptación y expansión, pugnas y sometimientos, inmigración europea y africana sin asimilar, mestizaje y sincronismo, luchas y descubrimientos... deja paso a un periodo estable y casi brillante, paradójicamente cuando en España la decadencia es ya manifiesta y las guerras en Europa se multiplican.

Es entonces cuando irrumpe Inglaterra en América, con sus colonias y sin ninguna idea de territorio común. Su única visión unitaria fue crear mucho más adelante la Commonwealth para acoger como territorio común su imperio asiático y africano. Norteamérica, además de una historia creada por el celuloide, fue producto de las Trece Colonias separadas, no del Reino Unido.

Sólo en el Caribe puede existir un punto de pequeña comparación si se mira el resultado de las dos distintas colonizaciones en las pequeñas Antillas o en Centroamérica y Belice. El resultado de la comparación, en dos épocas más o menos sincrónicas y territorios parecidos, resulta devastador para Inglaterra.

«*El Imperio español
exportó lo mejor de
sí mismo*»

Elvira Roca Barea

V. La historia de España la escribieron otros

Pescando almas, Adriaen van de Venne, 1614. El trasfondo, las guerras de religión (Reforma y Contrarreforma) representa a los dos bandos como dos pueblos entre los que se interpone un río, que es el campo de batalla de una misma fe. En la orilla derecha están los católicos y en la izquierda, los protestantes separados por un arcoíris, que hace alusión a la Tregua de los Doce Años.

Una historia distorsionada

«*Los protestantes aprovecharon el invento de la imprenta para hacer todo tipo de publicaciones con las que desacreditar al Imperio español*»

Nigel Townson

El ascenso de España a primera potencia mundial tuvo algunas consecuencias muy positivas y otras que no lo fueron tanto. Entre las segundas se encuentran las relacionadas con la leyenda negra, un fenómeno que ha estado ligado a la historia de nuestro país desde el momento en que el resto de las potencias europeas empezaron a vernos como una amenaza real para sus intereses.

La percepción oscura y sesgada que los españoles tenemos de nuestro pasado no es más que la asimilación de esta propaganda negativa como si fuera una verdad objetiva. Dicha propaganda, unida a la moderna costumbre de juzgar el pasado con los ojos del presente, ha terminado por convertirse en incontestable.

La leyenda negra española afecta a varios aspectos de nuestra historia en diferentes niveles. No obstante, hay una serie de mitos recurrentes que forman parte de ella y se refieren específicamente a la época en que España forjaba su imperio ultramarino.

La Inquisición, mito de la España cruel y sanguinaria

Los protestantes usaron la Inquisición española para construir el mito de la España cruel, sanguinaria y fanática. Ingleses y holandeses crearon esta campaña para debilitar a su nación rival, con la idea de provocar una predisposición negativa hacia ella y movilizar a otras dinastías en su contra. En definitiva, pretendían obtener en el ámbito de la propaganda las victorias que no eran capaces de alcanzar en el campo de batalla.

Es conveniente aclarar que la Inquisición nació precisamente para que el delito de intolerancia religiosa estuviera sometido a un proceso legal y estructurado, impidiendo de esa forma que fuera el pueblo llano quien actuara por su cuenta y riesgo contra todo aquello que considerase una desviación religiosa. En aquellos territorios donde no se implantó la Inquisición resultó mucho más difícil poner coto a los disturbios y arbitrariedades, a menudo devenidos en violencia descontrolada, que provocaban los conflictos religiosos. En Inglaterra, por ejemplo, el verdugo se llevaba al acusado a su casa y hacía lo que quería con él, mientras que en España existían unas leyes que regulaban los castigos de modo que estos fueran proporcionales, dentro de la mentalidad de la época.

La práctica de la tortura estaba minuciosamente tasada en los tribunales inquisitoriales y, de hecho, era mucho más limitada que en los tribunales civiles, más crueles y menos garantistas. A pesar de ello, el mito de «las torturas de la Inquisición» forjado por la literatura del romanticismo sigue plenamente vigente e incluso en la actualidad es fuente de un lucrativo negocio. Los «museos de la inquisición» —concebidos más como galería de los horrores— proliferan en multitud de ciudades de Europa, donde se exponen sin ningún rigor histórico toda clase de sádicas prácticas y estrafalarios instrumentos de tortura que la Inquisición no utilizó jamás (la mayoría son falsificaciones realizadas en el siglo XIX como morbosos objetos de colección para los aficionados a las curiosidades). Se trata de un fenómeno que sigue creciendo y se manifiesta en libros de texto, en cómics y películas, con las esperables consecuencias sobre la imagen de nuestro país.

Si bien la Inquisición española mantuvo su actividad durante mucho más tiempo que en cualquier otro país, paradójicamente, no fue ni mucho menos la más sangrienta. Así lo demuestran las cifras que manejan los historiadores. En España, entre 1540 y 1700, los relajados al brazo secular, es decir, los que padecieron pena de hoguera, rondaron la cifra de mil quinientos. De estos condenados, muchos lo fueron «en efigie» o, lo que es lo mismo, quemados simbólicamente al estar ausentes en el momento en que se ejecutó la sentencia; lo que implica que el número real de víctimas mortales fue menor. Apenas mil quinientas condenas ejecutadas a lo largo de ciento sesenta años es una cifra que adquiere más sentido al compararla, por ejemplo, con las quinientas penas de muerte que los calvinistas de Ginebra ejecutaron por motivos religiosos en apenas veinte años. Sin embargo,

Una escena de la Inquisición, Víctor Manzano y Mejorada, 1859.

Torquemada wird interviewt

(Erich Schilling)

„Nun, Herr Großinquisitor, was sagen denn Sie zu den Stalinschen Justizmethoden?
Der übertrumpft ja noch Ihre bewährte Inquisition!" — „Leider, leider! Jaja, die mo-
derne Technik! Dagegen waren wir zu meiner Zeit freilich die reinsten Waisenknaben!"

Torquemada

Tomás de Torquemada (1420-1498) fue un fraile dominico, confesor real de la Orden de Predicadores y uno de los inquisidores generales de la Inquisición, además de hombre de confianza y consejero de los Reyes Católicos. Natural de la villa de Torquemada, diócesis de Palencia, se dice que sus padres pertenecieron a la nobleza leonesa-castellana, aunque no está demasiado claro ya que, según cuentan de pasada los documentos, eran oriundos de conversos. Eso sí, conversos de verdad y leales servidores de la Corona que habían «ennoblecido» en virtud de ello.

Consta que fray Tomás actuó como hombre de Estado. Aunque no fue ni el fundador ni el primer inquisidor general, sí fue el primero que obtuvo un gran poder y, sobre todo, el responsable de la sistematización del funcionamiento del Tribunal y de su implantación definitiva. Una de sus prioridades al asumir el cargo consistió en intentar corregir los errores y excesos que habían cometido sus predecesores. En este sentido, el *Memorial* —documento programático que entregó a la reina en 1479— es esencial para comprender su servicio. Se centró en tres aspectos fundamentales: la vigilancia y control de los regidores de las ciudades y villas, a quienes les exigió un estricto cumplimiento de sus deberes; la «cura» de la epidemia o peste de «blasfemos, hechiceros y adivinos o tahúres» que pululaba por todo el país y el «encerramiento» de los judíos en aljamas o barrios propios, con puertas cerradas por la noche, para evitar turbulencias entre ellos y los cristianos.

Las Cortes del Reino, celebradas en 1480 en Toledo, acordaron que los judíos morasen en barrios centrales como medida preventiva de posibles y temidos disturbios con los cristianos. Sin embargo, esta medida no surtió los efectos que se buscaban, como más tarde reconocerían los reyes en el decreto de expulsión.

La Inquisición respondía a una realidad social española y europea en la que la tolerancia religiosa no estaba, ni mucho menos, a la orden del día. El grado de racionalismo de la Inquisición fue muy alto, y su labor estuvo lejos de la imagen estereotipada del tribunal de sádicos y fanáticos que se le atribuye. A diferencia de otros lugares de Europa en los que eran corrientes las matanzas arbitrarias, el Tribunal del Santo Oficio fue la herramienta que permitió que en España hubiese un proceso concreto con el que luchar mejor contra este tipo de abusos.

LONGE TIME SINCE I SAWE A COWE .
FlAVNDERS REPRESENTE
N WHOSE BACKE KINGE PHILLIP RODE
BEING MALECONTNT .

THE QVEENE OF ENGLAND
WHEARE ON THE COW
A ONE THAT WAS HER
IN HER DISTRESSE A

La vaca lechera, anónimo, c. 1633-1639.

THE PRINCE OF ORANGE MILKT
AND MADE HIS PVRSE THE P...
ST HELPE, THE COW DID SHYT IN MONSIEV
WHILE HE DID HOLD HER TAY

mientras Calvino es merecedor de monumentos en su honor en los parques de su ciudad natal, el nombre de Torquemada ha llegado a nuestros días como sinónimo de torturador.

Esto demuestra que, a menudo, la Inquisición española fue incluso menos cruenta que algunos organismos equiparables de otras naciones europeas. En el caso de la persecución de delitos de brujería, por ejemplo, la Inquisición procesó a entre ciento cincuenta y doscientas personas acusadas de hechicería y magia negra. Estos procesos se detuvieron en 1604, cuando los tribunales inquisitoriales de España, Italia y las Indias dejaron de castigar tales delitos. En países como Francia, Alemania o Inglaterra, en cambio, las «cazas de brujas» se recrudecieron a partir de esa fecha.

Guerras de religión

La propaganda anticatólica tiene un cierto poso de condena a la historia de España, puesto que nació como forma de erosionar el poder hegemónico de los Austrias españoles, cuya política se basaba en una defensa a ultranza de la fe católica. El resto de las naciones europeas acusaban a los españoles de fanáticos religiosos al tiempo que presumían de la libertad que, supuestamente, se gozaba dentro de sus propias fronteras. De tal modo que hoy en día cunde entre nosotros la imagen de la España de los Austrias como una isla de cerrazón y oscurantismo frente al océano de tolerancia que ya eran países como Inglaterra, Francia o Alemania. Este es, a buen seguro, uno de los mitos más sencillos de desmontar. Los príncipes germánicos, por ejemplo, tenían derecho a implantar

Ich bin der weg/Thür ꝛc ꝛc

Sihe das ist das lamb Gottes ꝛc

Alle Prophe
ten zeugen von
diesem/ds kein
ander name vn
ter dem himel
sey. Act. 4.10.

Seh
Römisch
niche Re
ligkeit.
taut lei

Difama e impera: la leyenda negra al servicio del separatismo
Pedro Insua

«*¿Quién puede decir positivamente por qué la nación española, tan poderosa en otros tiempos, ha quedado ahora tan atrás? [...] Durante el mismo periodo el Santo Oficio buscaba con afán a los hombres más independientes y ardorosos para llevarlos a la hoguera o a la cárcel. Solamente en España se eliminaron, durante un periodo de tres siglos, cerca de mil hombres por año, y hombres de los más útiles, a saber, los que dudaban de las cosas y discutían sobre ellas, y sin la duda es imposible el progreso*» (Darwin, *El origen del hombre*).

El libro de María Elvira Roca Barea, *Imperiofobia y leyenda negra* (Siruela, 2016) se ha convertido en un fenómeno editorial realmente llamativo, coincidiendo además con un momento muy crítico, como cualquiera puede reconocer, del presente político español. En 2017 atravesábamos una de las crisis políticas, sin duda, más agudas y profundas desde la Guerra Civil, con un riesgo cierto, tras el desafío separatista planteado por parte del catalanismo, de fragmentación de la nación española. Un catalanismo que, si se ha filtrado en el cuerpo político español, en sus instituciones representativas, lo ha hecho respaldado, precisamente, por el singular fenómeno ideológico del que trata el libro de Roca Barea.

Porque, en efecto, uno de los mecanismos ideológicos más persistentes que alimentan el separatismo y que permiten su fácil propagación —a pesar de la debilidad de sus fundamentos— es justamente esa «imperiofobia», que ha cristalizado en forma de «leyenda negra» (según la denominación que ha hecho fortuna de Julián Juderías), y que viene acompañando al nombre de España desde, por lo menos, el siglo XV.

Una leyenda negra desde la que se dibuja a España como una especie de forma histórica monstruosa, teratológica, tan vitanda y detestable que más hubiera valido que no hubiera existido nunca. La España actual, de existir, es algo así como un residuo imperialista, impositivo y tiránico (con Castilla como artífice), por cuya constitución «antidemocrática» se ha subyugado (incluso expulsado y aniquilado) a los distintos «pueblos libres» que vivían felices, arcádicamente, en la península, siendo así que, al ser incorporados como partes de España, sufrieron una integración *forzosa* (o forzada) que los redujo a la servidumbre. Es, en definitiva, esta identidad *violenta*, *tiránica*, *negra* de España lo único que justifica su unidad (lo único «español» propiamente dicho sería así «el Estado», represor, castigador, vigilante, por hablar en términos biopolítico-foucaultianos).

En este sentido, creemos, en pocos países —quizá en ninguno, ni siquiera en Estados Unidos—, el autodesprecio es tan penetrante, profundo y duradero como lo es en la sociedad española, en la que apenas existe institución, desde la escuela hasta los parlamentos reunidos en asamblea, en la que no se dé cuenta, con distorsión y tendenciosidad, de la *negra identidad* que España representa.

Saliendo además siempre muy mal parada, en relación con su historia, al contrastarla con otras sociedades del entorno de historia similar como Gran Bretaña, Francia o Alemania. Y es que España, desde esa perspectiva *negrolegendaria*, queda íntegramente identificada con la España imperial, inquisitorial, católica, retrógrada, reaccionaria, franquista, antidemocrática, en fin, y cuya unidad no se sostiene sino como Leviathán artificioso y horrible, como «prisión de naciones» de la que hay que huir una vez que sus barrotes se afinan y ablandan con los procesos, inevitables por lo visto, de «transición» hacia la parusía democrática.

Muchos creen, pues, desde tales presupuestos, que una vez disuelta dicha *negra identidad* de España, y con el advenimiento de la «democracia plena», también debiera igualmente disolverse su unidad, dejando paso a las «*auténticas naciones*» («Catalunya», «Euskal Herria», «Galiza»), se supone prehispanas y surgidas *in illo tempore*, y que el «Estado español» mantuvo secularmente oprimidas y tiranizadas hasta hoy. Y es que la afirmación nacional de estas sociedades («derecho de autodeterminación») hace del todo inviable la unidad de España.

Es por tanto llamativo, por escandaloso, solo comprensible por la asunción del relato *negrolegendario*, que sea sobre todo desde el interior de España desde donde con más insistencia se hable, bien directamente de la inexistencia de España, bien de una esencia tan despreciable que sería mejor que dejase de existir. Porque este es el sentido de la proposición «España no existe» predicada una y otra vez desde muchas instituciones y magistraturas españolas, una proposición que, de esta manera, se sitúa más en el plano del «deber ser» programático que en el del «ser» fáctico: no es que España no exista, es que España *debe* no existir, esto es, debe perecer como nación dejando paso a la «libre determinación de los pueblos» por ella oprimidos.

Una negación anticonstitucional que va acompañada, por la propia lógica del relato *negrolegendario*, de la pretensión, igualmente anticonstitucional, de conseguir el reconocimiento del título de nación para alguna de las regiones españolas, negándoselo así a España.

Como consecuencia de la fuerte implantación institucional de esta posición, digamos antinacional-española (España representa *lo peor* políticamente hablando, y lo mejor que se puede hacer es desentenderse de ella, si no directamente atacarla atentando contra su soberanía), ocurre un curioso fenómeno sociológico, muy generalizado en España, según el cual el que afirme lo contrario, es decir, quien afirme la existencia de España, ya no su defensa, sino su mera existencia como nación soberana, se considerará automáticamente «españolista» o «nacionalista español», alineado con la «extrema derecha» y el «fascismo» sea como fuera que lo justifique.

Y es que, se supone, quien defiende la existencia de España está comprometiéndose con su esencia, una esencia siempre sobreentendida por el secesionismo y sus cómplices como antidemocrática, tiránica, «fascista», es decir, una esencia tal como es definida desde la leyenda negra.

Ocurre, pues, en España algo muy singular y anómalo, solo explicable a través de los análisis que, de un modo ejemplar, ofrece Roca Barea en su libro: la mera afirmación de la soberanía nacional española, de la cual emanan los poderes del Estado y de cuya existencia depende su propia forma democrática, representa para muchos, con asiento —insistimos— en organismos oficiales, una amenaza para la convivencia democrática porque, enseguida, refluyen esos mecanismos ideológicos *negrolegendarios* que sitúan a España, *revival* de la España imperial, en la tiranía y el despotismo («Una, grande y libre»).

En definitiva, para una buena parte de la sociedad española, España y democracia son incompatibles, dioscúricas, como el Javert y el Valjean de *Los miserables*: si España existe es porque todavía no hay suficiente democracia; si hay plenitud democrática, es porque España ha desaparecido del mapa.

Una sociedad española que convive con un autodesprecio tan intenso y beligerante, con una idea tan negativa de sí misma, derivados de la *imperiofobia y la leyenda negra*, hace que su consistencia como sociedad política esté, ahora mismo, inevitablemente en cuestión, en riesgo cierto de fragmentación.

8

Wie nu die von der reformierte religion,
Zu Cahors ein predigh solten thon.

Jns hauß des herren von Cabreyret,
Habens die Papisten mit feur angestec

Lan vnd weib, die in solchen nodt.   Daher das blut flos vber die gaſſen
ichen wolten, geſchoſſe vnd geſchlagẽ todt.   Von denen die dort das leben gelaſſen

Representación de la celebración de un aquelarre y una quema de brujas en Baden.

su opción religiosa a la población del territorio que gobernaban mediante el principio del *cuius regio eius religio* (a tal soberano, tal religión), lo que implicaba que un príncipe protestante podía imponer sus creencias a todos sus vasallos aunque la mayoría fuesen católicos.

Estas diferencias desembocaron en sangrientos enfrentamientos religiosos entre los luteranos y los fieles a Roma. En el origen de estos conflictos existían importantes cuestiones que no tenían nada que ver con la religión y sí con la política o el sentimiento nacionalista

de algunos pueblos. El luteranismo, por ejemplo, fue en gran parte una manifestación del nacionalismo alemán frente a un catolicismo de origen romano que muchos nobles y burgueses de entonces identificaban como un poder extranjero, ajeno a su acervo cultural de origen bárbaro. Algunos intelectuales de la época, orgullosos de las hazañas de sus ancestros, no estaban dispuestos a dejarse «colonizar» por los descendientes culturales de aquellos a quienes el caudillo bárbaro Arminio derrotó en Teotoburgo en el siglo I d. C.

Un fenómeno similar se dio en los Países Bajos, donde el calvinismo ofreció a Guillermo de Orange y sus partidarios una eficaz coartada para poner en cuestión la soberanía española en esas tierras. Enarbolando la bandera de la libertad religiosa, los orangistas se levantaron en armas contra el dominio español —legitimado por la herencia de María de Borgoña a su nieto, Carlos V—, encendiendo la chispa de un largo conflicto de ocho décadas que tuvo las características de una guerra civil. En un bando, los neerlandeses que apoyaban la unidad y el proyecto de la monarquía católica de los Austrias, y en el otro los que apoyaban la secesión con la intención de controlar ellos solos el territorio. Al analizar las fuerzas involucradas en este conflicto, es fácil comprobar que la mayoría de los nobles y burgueses holandeses apoyaban al duque de Alba, mientras que Guillermo de Orange contaba con muchos menos aliados. Sin embargo, a efectos de alimentar el orgullo nacional neerlandés, se explotó la imagen de Holanda como un pequeño y heroico David, amante de la libertad, enfrentado a un tiránico Goliat, que no era otro que el Imperio español, oscurantista y católico.

La «Armada Invencible»

Los planes de Felipe II respecto a Inglaterra nunca contemplaron una invasión directa, sino más bien un cambio de dinastía. El monarca, que había sido rey consorte de ese país durante su matrimonio con María Tudor, veía con preocupación cómo la protestante Isabel, al acceder al trono, emprendía una política de persecución contra los católicos de la isla. La población inglesa que sufría estas persecuciones, y que no era precisamente escasa, simpatizaba con las intenciones del rey Felipe. Con el tiempo, los planes del monarca se focalizaron en una gran armada que habría de atacar Inglaterra para obligar a esta nación a dar un giro radical a su política religiosa.

A Isabel I, hija ilegítima, le convenía explotar ese eventual fracaso español para reafirmar su legitimidad como reina, nunca del todo garantizada por ser hija de la desprestigiada Ana Bolena. El enfrentamiento religioso era clave para su continuidad en el trono, auspiciado por la confluencia de intereses, ya que el poder político dependía del cisma y el cisma dependía del poder político. Esta es la razón por la que cuando Felipe II fracasó en su primer intento de llegar a Inglaterra, Isabel aprovechara el momento para lanzar un mensaje propagandístico, en el que además se refería a esa flota como «Armada Invencible», cuando en España nunca nadie la llamó de ese modo; Inglaterra era un pueblo con menos fuerza, con menos poder, pero Dios había mandado sus vientos contra las naves de los españoles porque estaba de su lado. En definitiva, el hundimiento de la armada invasora indicaba que la providencia señalaba a Isabel como legítima soberana y refrendaba su conflicto con los católicos.

Por aquel entonces Inglaterra era una potencia menor, lejos aún del gran peso que adquiriría en los años venideros. Cualquier triunfo contra una nación más fuerte y poderosa —y, claramente, España lo era— se magnificaba por modesto que fuese. A lo largo del siglo XVII, los ingleses convirtieron aquella derrota de las naves españolas en uno de los mitos fundacionales del nacionalismo inglés. Para España, en cambio, una superpotencia en

Barcos ingleses y la armada española, anónimo, 1588.

La Contra Armada

La historia de la Contra Armada, mucho menos conocida que la de la «Invencible», es de un enorme interés histórico, ya que supone nada menos que la mayor victoria naval de España sobre Inglaterra, apenas un año después de la derrota de la flota de Medinaceli. De los 18.000 hombres que se embarcaron en nombre de la Corona inglesa regresaron 5.000. Un 70 por ciento se quedaron por el camino.

Cuando la Gran Armada sucumbió, Isabel I decidió que aquella era una ocasión propicia para lanzar un contraataque antes de que los españoles fueran capaces de reparar sus naves. La expedición, liderada por el almirante Francis Drake y con John Norris como general de las tropas de desembarco, tenía tres objetivos principales: destruir el grueso de la armada española que se encontraba en Santander a la espera de ser reparada; tomar Lisboa, e interceptar la flota de Indias en las Azores para colapsar la conexión con América.

El primer objetivo se saldó con un fracaso estrepitoso para los ingleses, que inmediatamente pusieron rumbo a Lisboa para intentar alcanzar el segundo. Los portugueses, avisados de sus intenciones, se encontraban preparados para su llegada y atajaron con contundencia cada intento de avance de los británicos. Durante la retirada, los ingleses perdieron a otros 5.000 hombres en la persecución llevada a cabo por los españoles. Resignada e incapaz de abordar el tercero de sus objetivos, interceptar a la flota de Indias en las Azores, la armada regresó finalmente a Inglaterra derrotada. De los 180 buques que habían zarpado volvieron 102.

Distintas fuentes, tanto inglesas como españolas, coinciden en que las pérdidas de la Contra Armada duplicaron a las de la «Invencible», y se saldaron con el mayor desastre naval de la historia de Inglaterra.

El Tratado de Londres

La guerra entre los reinos de Felipe II e Isabel I tenía difícil solución. La relación entre los dos cuñados, que siempre fue mala, había ido empeorando hasta tal punto que una firma de paz entre ambos era inconcebible, pues se odiaban profundamente. No fue hasta la muerte de Felipe II, en 1598, y la de Isabel I cinco años después que se abrió la posibilidad de acabar con el conflicto.

Los nuevos soberanos, Felipe III y Jacobo I, firmaron la paz que detendría por fin una guerra que se alargaba sin rumbo y que llevaba veinte años desangrando económicamente a ambos países.

El 28 de agosto de 1604 España e Inglaterra firmaron el Tratado de Londres, marcando así el final de la guerra angloespañola. Las condiciones del tratado resultaron favorables para España, que consiguió la renuncia inglesa a seguir prestando su ayuda a los rebeldes holandeses: Jacobo I se comprometía a no intervenir en asuntos continentales y España renunciaba a nombrar un rey católico en Inglaterra, e incluso a garantizar la tolerancia inglesa al catolicismo. Por su parte, Inglaterra abría el canal de la Mancha al transporte marítimo español, prohibía a sus súbditos llevar mercancías de España a Holanda o viceversa, y se comprometía a suspender las actividades de los corsarios en el océano Atlántico. En contrapartida, España daría facilidades al comercio inglés en las islas españolas.

La paz duró hasta 1624.

Caricatura del Tío Sam con John Bull y personificaciones de Alemania, Italia, Rusia, Austria y Francia, discutiendo

un estado de guerra casi perpetuo, aquel revés fue solo uno de muchos, del que apenas tardaría en recuperarse y cuyas consecuencias no serían especialmente trascendentes a medio plazo. A pesar de la victoria inglesa, la armada española siguió manteniendo el dominio de los mares durante los dos siglos siguientes.

No obstante, la historia de la Invencible, creada para mayor gloria de Isabel I, aún goza de muy buena salud en Inglaterra, donde es uno de los pilares de la educación nacional y forma parte del temario que un extranjero debe conocer para conseguir la nacionalidad británica. Es un mito tan arraigado entre los

cerca del lecho de muerte de España, 1898.

ingleses, que se estudia de forma aislada, obviando el contexto de la guerra angloespañola en la que se produjo y que finalmente se saldó con una derrota inglesa. También se elude mencionar la Contra Armada que surgió en respuesta a la Invencible y que partió de Inglaterra con tres objetivos claros: destruir los restos de la Armada que se encontraban en Santander en reparación; tomar Lisboa y entronizar a Antonio de Crato, y, por último, hacerse con las Azores y capturar la flota de Indias. El fracaso fue tan rotundo que supuso la caída de Francis Drake, hasta entonces héroe popular.

El peso de la hegemonía: la leyenda negra
Elvira Roca Barea

Es evidente que la hegemonía de la monarquía hispana no gustó a todo el mundo, como ha sucedido siempre y sucederá con los grandes imperios, ya sean Roma, China o Estados Unidos.

En el caso español, los conflictos de intereses con sus rivales europeos, agravados por las guerras de religión, dieron como fruto un argumentario conocido como leyenda negra, según el cual la historia del Imperio, y por extensión la de la España posimperial, conforma un ejemplo de excepcional barbarie e intolerancia entre las naciones occidentales.

Los ejes fundamentales de la leyenda negra son la conquista y la Inquisición, a los que en el siglo XVIII se suman otras capas como el de la ignorancia o el atraso español en materias científicas y culturales. Sobre este terreno abonado, el romanticismo decimonónico revistió la esencia española de exotismo, abundando en la idea de la excepcionalidad hispana sin trascenderla.

La leyenda negra tenía que haber muerto hace dos siglos, cuando la España imperial desapareció. Sin embargo, continúa muy viva debido a una multitud de razones confluyentes.

Los mitos nacionales de países como Inglaterra, Países Bajos, Italia o Francia hunden sus raíces en ella, convirtiéndola en un asunto indisoluble de su identidad. Uno de los ejemplos más claros es el mito de la Armada Invencible: una batalla más dentro de una larga guerra en la que España resultó vencedora, pero que fue exaltada por los británicos hasta transformarla en un hito de la historia del continente europeo.

De forma análoga, los mitos fundacionales de las confesiones protestantes, cuyos intereses colisionaban frontalmente con los de la España católica, aprovecharon la leyenda negra en su propio beneficio.

España no ha escapado al influjo de estos relatos que cuentan con una gran presencia en los discursos a través de dos vías: la primera es de origen clerical y tiene su principal y más exitosa manifestación en la figura de fray Bartolomé de las Casas. La narración contenida en su *Brevísima relación de la destrucción de las Indias* ha sido apoyada durante siglos por la Iglesia católica tanto en España como en América; la segunda se produce con el cambio dinástico que pasa la Corona de los Habsburgo a los Borbones, y que refuerza una corriente cultural conocida como «los afrancesados».

Los nacionalismos periféricos contenidos dentro de España, y que han buscado la fragmentación del Estado desde el siglo XIX, han alimentado su ideología con la propaganda de la leyenda negra.

Las oligarquías hispanoamericanas han justificado los fracasos al frente de sus países amparándose en la herencia española y, en los últimos años, han alcanzado también la integración en el indigenismo político en Sudamérica y adquirido un nuevo vigor a raíz de su uso en Estados Unidos por parte de la llamada cultura de la cancelación.

Estos son algunos de los factores que explican la vigencia de la leyenda negra en nuestros días y su anómala supervivencia dos siglos después de haber muerto el imperio que la engendró.

La sombra de Francia

En el marco de la leyenda negra, la imagen de Carlos II, el rey «hechizado» y mentalmente incapaz, con su rostro grotesco y su tenebrosa corte repleta de exorcistas, ocupa un puesto protagonista.

Carlos II, el último de los Austrias cuya precaria salud era fruto de la consanguinidad, fue erigido como símbolo de la España decadente e inquisitorial, anclada en sus obsesiones y ajena al progreso. Resulta innegable que era físicamente débil, pero las pruebas historiográficas demuestran que no sufría de ninguna tara mental que le impidiese ejercer como rey con lucidez. Su reinado tuvo muchos aspectos positivos que se suelen ignorar: la economía española empezó a sanearse por primera vez en siglos, el panorama cultural siguió siendo pujante gracias a personajes como Claudio Coello o Luisa Roldán —a la que el rey Carlos nombró primera mujer escultora de cámara de la corte—, la Corona mantuvo casi intacto su vasto imperio ultramarino y el propio monarca dio muestras de sagacidad política en su testamento, al nombrar heredero al candidato más adecuado para los intereses del reino.

Tras su muerte, el trono fue heredado por el duque de Anjou, primero de los reyes de la casa de Borbón en España. Nieto de Luis XIV, desde el primer momento la sombra francesa se proyectó sobre la política española, ya que había muchos intereses en juego y el deseo de muchos —Francia, Inglaterra y Holanda entre ellos— de participar en todas las posesiones y posibilidades comerciales del Imperio español, que constituían un gran negocio. El cambio de dinastía implicó también una determinada forma de enfrentarse con el pasado. A los nuevos ocupantes del trono les interesaba mostrar que el cambio había sido para bien, y que la nueva monarquía traería nuevos tiempos de paz, progreso y prosperidad. De esa forma, los Borbones y sus partidarios legitimaban su recién adquirida posición de poder. Para lograr este objetivo, uno de los métodos recurrentes consistió en denostar a la casa reinante anterior e identificarla con todos los males posibles. La víctima propiciatoria de esta propaganda fue Carlos II, un monarca cuyo reinado resultó mucho menos calamitoso de lo que se nos ha querido transmitir.

Muchos historiadores contemporáneos, como el escocés Christopher Storrs, defienden que a Carlos II no habría que denominarlo «el Hechizado», sino más bien «el Desconocido». Sin embargo, el último de los Austrias españoles es recurrentemente denigrado por la leyenda negra. Uno más de los muchos aspectos de nuestra historia que se nos ha transmitido de forma incorrecta o, directamente, falsa.

Como señala Marcelo Gullo, «el odio a España conduce a admitir la leyenda negra de forma completa. Por supuesto que a lo largo de su historia, España ha cometido muchos errores, actos de violencia, y hechos poco ejemplarizantes. Es lógico, la suya era una empresa de seres humanos, no de ángeles. Y los seres humanos a veces somos así, a veces violentos, a veces amamos, a veces guerreamos, a veces odiamos..., somos capaces de actos sublimes y de actos horribles». Lo sorprendente de este fenómeno es cómo muchos españoles han

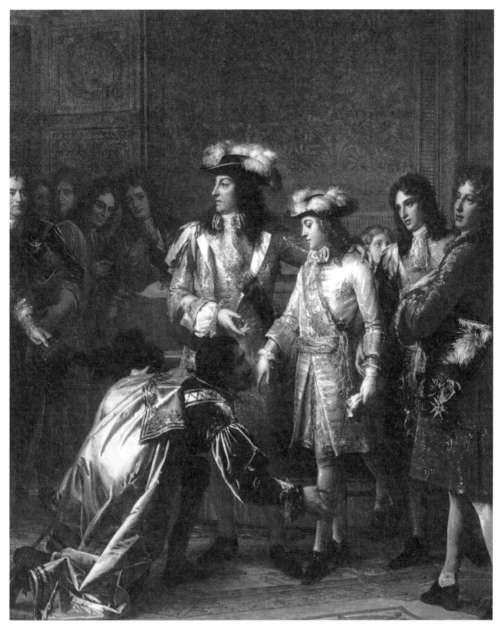

Detalle de *Proclamación del Felipe V como rey de España en el palacio de Versalles,* François Gerard, siglo xix.

asumido ese relato de origen foráneo desde el primer momento de forma completamente acrítica. Incluso los hay que parecen haberse regocijado en ese mensaje denigratorio construido por personas cuyo interés no era ser fieles a la verdad sino servir a la propaganda.

Durante años, generaciones de niños españoles no se han educado en la objetividad de la historia. Les han faltado la información y las herramientas necesarias para contradecir la leyenda negra. No cabe duda de que se trata de una obra perfecta del marketing político.

El cambio dinástico de 1700
Luis Ribot

El 1 de noviembre de 1700, a punto de alumbrar el siglo XVIII, el duque de Anjou, miembro de la Casa francesa de Borbón y nieto segundo de Luis XIV, se convertía en Felipe V, rey de la inmensa monarquía de España, al morir sin descendencia Carlos II, el último de los soberanos españoles de la Casa de Austria. La base legal de su acceso a la Corona era el tercer y último testamento del fallecido monarca, que lo llamaba al trono por delante del archiduque Carlos, candidato que

también podía alegar derechos por razones familiares. El citado testamento, firmado unas semanas antes, alteraba lo dispuesto en su día por Felipe IV, padre del rey fallecido, que excluía de la herencia a los príncipes franceses hijos de infantas españolas en beneficio de los archiduques de la Casa de Habsburgo, hijos también o descendientes de infantas españolas, y alteraba asimismo el testamento anterior del propio Carlos II, en 1698, que —después del príncipe José

Fernando de Baviera, fallecido en 1699— llamaba a la herencia al archiduque Carlos. Se han discutido mucho las razones de dicho cambio de última hora, pero parece cada vez más evidente que la presión del poderoso Luis XIV, que había desplazado un importante ejército a la frontera de los Pirineos, junto a la lejanía y menor potencialidad del emperador, la pérdida de prestigio de los Habsburgo y alemanes en la corte española, así como los tratados de reparto de la monarquía de 1698 y 1700 y el deseo, tanto del rey como de los consejeros de Estado, de mantenerla unida llevaron al monarca a una dolorosa decisión que tardó en adoptar, dada la antipatía que sintió siempre hacia Francia, a consecuencia de los constantes enfrentamientos con este país que jalonaron su reinado.

El deseo de conservar la unidad de la monarquía, debilitada desde las paces de Westfalia y los Pirineos de mediados de siglo, requería la ayuda de Luis XIV, y tal vez se habría logrado si este hubiera sido más respetuoso con los términos del testamento que —para impedir la unión de ambas monarquías— exigía la renuncia de Felipe V a sus posibles derechos al trono de Francia, o si hubiera refrenado sus ansias de dominar los Países Bajos, beneficiarse en posición privilegiada de las inmensas posibilidades mercantiles de la América española o aprovecharse en otros aspectos de la nueva situación. La mejor prueba de ello está en hechos como el que, a pesar de los tratados de reparto —impulsados esencialmente por Luis XIV, que ahora los contravenía—, los principales soberanos europeos, a excepción del emperador, reconocieron a Felipe V, y que la coalición antiborbónica tardó en

formarse o que, hasta septiembre de 1703, el candidato frustrado, Carlos de Habsburgo, no fue coronado en Viena como rey de España. Desde aquel momento, la existencia real de una alternativa facilitó la toma de postura a su favor en España de simpatizantes, personajes defraudados en sus expectativas y otra serie de gentes. Antes, la preferencia por Carlos III había tenido pocas oportunidades de manifestarse, y no fue hasta 1705, avanzada ya la guerra en Europa, cuando, gracias al apoyo militar y naval de los aliados, los austracistas consiguieron dominar los territorios de la Corona de Aragón, abriendo un frente de lucha dentro de la península ibérica, que fue siempre secundario en relación con los enfrentamientos continentales. En realidad, los territorios castellanos apenas vivieron la guerra, salvo en ocasión de las dos expediciones de las tropas de Carlos III a Castilla —que llegaron a ocupar brevemente Madrid en 1706 y 1710— y que concluyeron con importantes victorias borbónicas, gracias a las cuales el resultado final en España fue distinto al continental. Si en Europa el triunfo de los aliados supuso la pérdida de todos los territorios de la monarquía en los Países Bajos e Italia, en España la guerra afianzó en el trono a Felipe V, ampliamente apoyado por los castellanos y por el ejército, mientras que los austracistas dependieron en exceso de las fuerzas militares y navales de los aliados. La reconquista de los territorios de la Corona de Aragón permitió a Felipe V —dentro de la lógica jurídica de la época que entendía que habían perdido todos sus privilegios por el delito de lesa majestad— abolir sus constituciones e instituciones, y sustituirlas por otras nuevas claramente dependientes del poder real.

Los viajeros románticos

Desde que Montesquieu dividiera a los países del norte y del sur según sus características «naturales», la suerte de España quedó sellada.

Según sus teorías, en las naciones del sur reinaban la violencia y la intransigencia religiosa, y su incapacidad para el trabajo o la ciencia las situaban al margen de la modernidad. España tenía además la singularidad de ser el punto de unión entre Oriente y Occidente; la pasión y la sangre.

Las *Cartas persas* de Montesquieu hicieron mucho daño en ese sentido, porque las vulgaridades que relata en ellas, con los españoles tocando la guitarra todo el día y las mujeres morenas, flamencas y de ojos rasgados, son el origen del estereotipo que con gran éxito recogió el romanticismo y que hemos arrastrado de una manera u otra hasta hoy.

Los viajeros románticos franceses que recorrieron nuestro país en el siglo XIX lo hicieron con sus maletas llenas de tópicos: desde el mito de Carmen hasta la idea de que un español era capaz de sacrificar cualquier concepto a un sentimiento.

La reacción indignada del escritor Prosper Mérimée al encontrarse con un ferrocarril en Aranjuez supone un ejemplo magnífico del poder de los clichés que se habían impuesto acerca del atraso secular español. Aquel ferrocarril, símbolo de modernidad, chocaba radicalmente con sus prejuicios y venía a decirle que los españoles no eran esa gente congelada, arcaica, resistente al progreso con la que había llegado en la cabeza.

«No hay duda de que la leyenda negra es la obra más perfecta del marketing político. Jamás, en la historia de la humanidad, existió una mentira transformada en verdad que durara tanto tiempo»

Marcelo Gullo

SCIPIO TVRAMINVS CRESCENTII FILVI
CAMERARIVS TEMPORE QVO GREGORIVS
IN PERPETVAM HVIVS REI MEMORI

VI. Lo que el mundo le debe a Salamanca

FVERIT MAGISTRATVS BICCHERNÆ
PONTIFEX MAXIMVS ANNO REFORMAVER

PÁGINA ANTERIOR

Pintura de la sesión para la reforma del calendario
juliano, en presencia de Gregorio XIII.

Desavenencias entre Cristóbal Colón e Isabel de Castilla

«Tendría que existir un derecho de gentes que estuviera por encima de todos y al que todos, tanto vencedores como vencidos, tuvieran que rendir cuentas. Y de ahí nació la Escuela de Salamanca»

Adelaida Sagarra Gamazo

Cuando Colón regresó a Castilla tras su viaje a América trajo consigo algunos indios con la idea de venderlos como esclavos. Según explica la historiadora Consuelo Varela Bueno, «nada hacía presagiar el problema que se avecinaba cuando, a comienzos de 1495, Colón envió un primer cargamento de trescientos indios a Sevilla. En cuanto los reyes conocieron la noticia ordenaron a Fonseca que los vendiese en Andalucía, pues era en aquella provincia donde pensaban que podrían tener mejor salida. Muy pronto surgieron los escrúpulos en la real pareja, pues apenas cuatro días más tarde escribían de nuevo al arcediano pidiéndole que reservase el dinero de la venta de los esclavos hasta averiguar si el tráfico era lícito, porque antes de nada querían recabar la opinión de «teólogos y canonistas de buena conciencia». Este hecho fue el origen de una serie de desavenencias entre el almirante y los Reyes Católicos que tendrían una gran trascendencia histórica.

Los reyes, en especial la reina, ya empezaban a mostrar reticencias sobre los actos de Colón en América. Cuando el almirante decidió entregar un esclavo indio a cada uno de los colonos de La Española, la reina Isabel, según cuenta fray Bartolomé de las Casas, se sintió ofendida: «¿Qué poder tiene mío el almirante para dar a nadie mis vasallos?», dijo airada.

El estatus de los indígenas fue motivo de controversia desde el mismo momento en que los españoles llegaron a América. ¿Qué derecho tenía la Corona sobre ellos y sus vidas? ¿Tenía alguno? ¿Cómo debía tratarlos? ¿Eran seres humanos con los mismos privilegios que cualquier otro buen cristiano o eran paganos inferiores, un simple «botín de guerra»? Estas preguntas, que pueden resultar chocantes a nuestros oídos, en la mentalidad tardomedieval del siglo XV eran cuestiones no solo pertinentes sino, de hecho, inéditas, pues hasta entonces ningún pueblo conquistador se había planteado semejantes dilemas sobre sus conquistados. De este modo, y una vez tomada la decisión de que los indios no podían venderse, dio comienzo una operación muy poco conocida: se procedió a la búsqueda de estas personas por toda Castilla con el objetivo de devolverlas a la isla Española. Entre sesenta y setenta fueron halladas y retornadas a América en el navío que llevó el gobernador Bobadilla a Haití en 1500. Que la reina Isabel se parase a pensar en algo así en un momento en el que la esclavitud era normal es algo excepcional; nadie se lo había planteado nunca antes.

Las Leyes de Burgos

Desde Mesopotamia hasta los romanos, todas las conquistas siempre han sido invasoras, independientemente de que acarreen cierto grado de civilización (como las conquistas romanas, por ejemplo). Una conquista es siempre un hecho traumático en el devenir de la historia de un pueblo o una civilización y, como

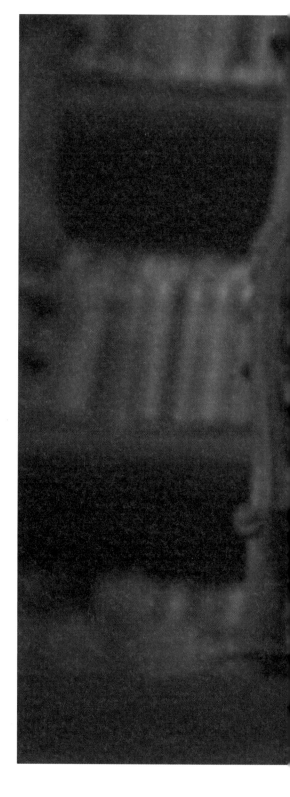

Cartela de clasificación de libros de la Biblioteca General Histórica de la Universidad de Salamanca.

España: los orígenes de la sincronía global
Ricardo Uribe

Cuando se analiza el origen de la sincronía global, normalmente se hace con la mirada puesta en los siglos XVIII y XIX —momento de dominio transoceánico por parte del Imperio británico— y se estudia el papel de elementos como los cronómetros de John Harrison para resolver el problema de la longitud o el establecimiento del Observatorio de Greenwich como meridiano cero para los husos horarios. Nada más ajeno para la bibliografía especializada —como también para la opinión popular— que relacionar a la España del siglo XVI con los orígenes de este proceso, y más remoto aún otorgarle al Nuevo Mundo cierto protagonismo en la configuración de esta estructura temporal. Sin embargo, la proporción desmesurada que fue tomando el Imperio español impuso la necesidad de coordinar operaciones mediante el uso de relojes mecánicos y el calendario cristiano.

Por sorprendente que pueda parecer, los virreinatos de Nueva España y Perú conocieron los relojes mecánicos antes que los otomanos, chinos y japoneses, de modo que la relojería desbordó el viejo continente hacia el Atlántico por la vía española. La primera petición que se conoce llegó en 1521 por parte de las autoridades de Santa María Antigua de Darién, aunque el primer reloj que efectivamente se instaló fue solicitado en 1533 por la Real Audiencia de la Ciudad de México y lo ubicaron en una de las torres de la antigua residencia de Hernán Cortés.

En 1528 Carlos V decretó la instalación de relojes al interior de la Real Audiencia, orden que extendió Felipe II en 1563 para los demás reinos ultramarinos. Sucesivamente, otras ciudades y pueblos de indios se hicieron con relojes avalados por la Corona, aunque solicitados y financiados a nivel local mediante

colectas públicas, e instalados en las casas reales o cabildos y no en las iglesias como se suele afirmar.

El testimonio pictórico más antiguo que se conserva se encuentra en el *Códice Tlatelolco* (*c.* 1558). En él, un indio de la nobleza se sitúa frente a un reloj de campana con el mecanismo expuesto. Además, se puede ubicar la presencia de indios y mulatos relojeros a lo largo del siglo XVI, así como un neologismo en náhuatl que sintetiza su asimilación: «cemilhuitlapohualtepoztli» significa «hierro o campana que enumera un día».

Por otra parte, el registro de fechas cristianas se puede hallar tempranamente y en un sinnúmero de documentos, desde cartas de conquistadores a códices de indios, pasando por crónicas de misioneros y diagramas para compaginar los calendarios prehispánico y juliano por medio del arte

de la cronología. Fue en 1584 cuando los habitantes de ambas partes del Imperio experimentaron un grado mayor de sincronía con la implementación del llamado calendario gregoriano que se recoge en la *Pragmática sobre los diez días del año*, impresa en la ciudad de Lima.

El 17 de noviembre de 1584 a las 7 horas y 27 minutos, ya con el nuevo calendario en marcha, una comitiva equipada con un reloj mecánico observó desde la azotea de la Real Audiencia de México un eclipse de Luna para ubicar longitudinalmente la ciudad. Operación astronómica de suma precisión para la época que representa el cierre del calendario juliano y los comienzos de la sincronía global moderna. Todo esto, ciento cincuenta años antes de la invención de los cronómetros marinos y la aceptación del calendario gregoriano por parte del mundo anglosajón.

Lección de teología en la Universidad de Salamanca, Martín de Cervera, 1614.

tal, conlleva sucesos de tensión y ruptura. En el caso de América, a medida que avanzaban las exploraciones españolas también lo hicieron las catástrofes demográficas o los abusos por parte de los encomenderos. No obstante, muy pronto surgieron voces entre los conquistadores que denunciaban públicamente estos hechos. Los dominicos informaron al rey de estos excesos cuando Fernando el Católico estaba en Burgos. Este, tras unas dudas iniciales, finalmente comprendió que la relación con los pueblos de América suponía una serie de conflictos morales y políticos que era necesario analizar, de tal forma que la Corona acudió a los más prestigiosos teólogos y juristas para que debatieran cómo se debía actuar ante el nuevo panorama americano.

Las primeras conclusiones resultaron ser principios muy generales que el rey, hombre muy pragmático, encontró teóricos en exceso, por lo que solicitó respuestas más concretas: la Corona necesitaba conocer qué comportamientos de los comenderos y exploradores debían penalizarse. Tres grandes intelectuales de la época, el franciscano fray Alonso del Encinar, el bachiller Enciso y un mercader burgalés, Pedro García de Carrión, fueron los responsables últimos de redactar las treinta y cinco Leyes de Burgos en el convento de San Francisco, en 1512. Estas leyes, consideradas como la semilla del derecho internacional, son una maravilla de la humanidad. En ellas se determinaban el derecho a la propiedad privada para los indios, así como diversas medidas dirigidas a proteger a las mujeres. Además, establecían que estas no podían ser obligadas a contraer matrimonio, y cómo podían reclamar en caso de que su voluntad no fuese respetada, entre otras cosas.

Las Leyes de Burgos son un documento extraordinario en la medida en que, por primera vez en la historia, una nación conquistadora se plantea cuáles son los límites de sus derechos sobre los pueblos a los que somete y restringe sus privilegios como conquistador, los cuales, moralmente, no deben entrar en conflicto con los de los conquistados. Estas leyes reformulan el concepto de derecho natural decretando que los indios, al tener en esencia la misma naturaleza que los invasores españoles, comparten con ellos sus mismos derechos y privilegios.

Un crisol de posturas

Dado que América planteaba un conflicto moral y político sin precedentes, la manera de abordarlo no fue unánime. En España existieron planteamientos muy diversos —desde el padre fray Bartolomé de las Casas hasta Juan Rodríguez de Fonseca—, aunque quizá el hombre que llegó más lejos en su visión fue el padre Francisco de Vitoria, quien en 1539 se preguntó si España tenía legítimamente el derecho a someter a América. Vitoria era consciente de que ya no se podía volver atrás en el proceso colonizador del Nuevo Mundo, de modo que resultaba imperativo plantearse cómo llevarlo a cabo de la forma más justa y moralmente correcta posible, corrigiendo los errores y abusos que se hubieran cometido hasta el momento. Vitoria, al igual que muchos de sus coetáneos, había llegado a la conclusión de que el mundo se empequeñecía cada vez más, y albergaba el pensamiento de que tal vez existía una suerte de derecho universal intrínseco a todas las gentes del

La Escuela de Salamanca
Ana María Carabias Torres

A lo largo del siglo XX se atribuyó el nombre de «Escuela de Salamanca» a una comunidad científica de pensadores, teólogos y canonistas que, siguiendo la labor de Francisco de Vitoria en la Universidad de Salamanca, y con un impresionante trabajo de reflexión interdisciplinar, desarrollaron —entre 1526 y c. 1617— un gigantesco conjunto teórico, analizando los problemas humanos de su tiempo desde novedosos puntos de vista.

El descubrimiento y conquista de las Indias fue uno de los elementos desencadenantes de su reflexión que alcanzó gran influencia jurídica, política, teológica, antropológica, social y económica en la configuración de América; mediante principios éticos, actitudes y métodos defendidos por Vitoria y continuados por compañeros y alumnos. Frente a vicios y abusos del mercantilismo, el sistema de encomiendas, el mercado de esclavos, el trabajo forzoso y los monopolios comercial y tributario, estos teólogos impulsaron la rehumanización, la pacificación, la solidaridad y la reconciliación, contribuyendo a desarrollar especialmente tres vertientes científicas de repercusión universal: la teología, el derecho y la economía.

Renovaron los métodos teológicos al uso sobre la base del espíritu humanista, la libertad de investigación en la búsqueda de la verdad, la relación entre la gracia divina y el libre albedrío —la controversia *De auxiliis*—, los criterios morales de la conciencia en la búsqueda del bien —el *probabilismo*— o el problema del mal en el mundo, entre otros temas.

A raíz de las consultas realizadas por Carlos V a Vitoria sobre la conquista y colonización de las Indias, reelaboraron el Derecho natural y el Derecho de gentes, promoviendo una de las bases de los actuales Derechos Humanos

y Derecho internacional, hoy reconocidos universalmente.

También reflexionaron sobre la situación económica, explicando fenómenos coyunturales que formaron parte del proceso inflacionista castellano derivado de la llegada masiva de oro y plata americanos. Gracias a sus aportaciones, se pasó de la moral económica previa a la ciencia económica, y nacieron las primeras leyes de la economía como la *teoría del dinero, el valor y el precio*; la *teoría de la paridad del poder adquisitivo*, o la teoría que relaciona el *valor* de un producto con su *utilidad*. El economista Schumpeter defendió el papel central de la Escuela en el desarrollo del pensamiento económico moderno.

Se ha discutido mucho sobre la denominación de «Escuela de Salamanca» así como sobre la adscripción de unos u otros intelectuales a la Escuela: algunos la reducen al dominico Vitoria, compañeros y discípulos, mientras que otros incluyen también a agustinos, franciscanos o jesuitas, salmanticenses o no. Lo que queda fuera de todo debate es la relevancia de la Escuela como ejemplo de conocimiento global. Su influencia se extendió por el orbe en el momento de mayor expansión del Imperio español, facilitando la difusión y consolidación de sus novedosas, significativas y duraderas aportaciones. El pensamiento de la Escuela de Salamanca es aún patente en cuestiones clave como los derechos humanos, el colonialismo, la autonomía del poder civil, la necesidad de entendimiento entre los pueblos, la guerra justa o las reglas del mercado. En conclusión, representa un fenómeno cultural polivalente que desde Salamanca y España ha adquirido influencia mundial.

Mapa del geógrafo y cartógrafo alemán Martin Waldseemüllerun, el primero —con Mathias Ringmann— en

planeta que estuviera por encima de razas, credos, vencedores y vencidos. Una suerte de ley natural ante la cual todos los seres humanos debían rendir cuentas.

Francisco de Vitoria compartió sus inquietudes con el emperador Carlos V, quien, en general, las escuchó con gran interés. Al mismo tiempo, entre la intelectualidad española esta clase de pensamientos suscitaron profundos debates. En este sentido, fue de especial interés la disputa que se produjo entre Bartolomé de las Casas y Juan Ginés de Sepúlveda

emplear el nombre de América, en honor de Américo Vespucio, en un mapa de 1507.

en Valladolid, en 1550. La visión que tenía de Las Casas sobre el problema americano era un tanto utópica, pues implicaba un retorno al *statu quo* previo a la conquista y la separación entre españoles e indios; algo a todas luces imposible. Sepúlveda, en cambio, abogaba por un imperio integrador en el que sus costumbres se adaptaran a las de los indígenas. El objetivo era asimilar a los indios a la civilización del Imperio a través de la educación y de la evangelización, contando siempre con la ayuda y el apoyo de las élites locales.

Juan Ginés de Sepúlveda
y la Controversia de Valladolid
Natalia K. Denisova

«Sufriendo y callando, pensé de alcanzar del
señor obispo de Chiapa que me dejase vivir en
paz y entender en otros estudios sin cuidado de
viejas disensiones, habiendo ya dado el fin que
deseaba a la disputa y controversia que con él
y por causa suya, con algunos teólogos doctos
tuve sobre la justicia de la conquista de Indias;
[...] diciendo que escribo cosas escandalosas
contra toda verdad evangélica y contra toda
cristiandad, y llamándome fautor de tiranos,
extirpador del género humano, sembrador de
ceguedad mortalísima; y todo esto, porque
defiendo la verdad contra el error que él sembró,
del cual, nacieron grandes males acá y en el
mundo nuevo; mas, según veo, ni él puede estar
en paz ni dar a los otros sosiego, [...]. Así que
me ha puesto en necesidad de responder por mi
honra... Aunque mi particular injuria todavía la
sufriera y disimulara, si no fuera mezclada con
la causa común y afrenta y desacato que él hace
a Dios sembrando doctrinas impías, y a nuestros
reyes y nación atribuyéndoles tiranía y público
latrocinio por público pregón de escritura
impresa, sin licencia, y así no responderé más de
aquello que a esto principalmente toca».

Estas son las palabras de un nombre olvidado
—por no decir denigrado— de la historia de
España. Son palabras del humanista Juan Ginés
de Sepúlveda y fueron editadas dos o tres
veces en cinco siglos, mientras que la *Brevísima
relación* de Las Casas ha conocido centenares
de reediciones en varias lenguas. Sepúlveda
fue uno de los pensadores que más contribuyó
a la creación de América y de sus virreinatos
y, además, predijo que un día serían territorios
libres. Sin embargo, su nombre sigue siendo un
tabú para la mayoría de los historiadores más
recientes del Descubrimiento y la Conquista de
América.

¿Qué le sucedió a Sepúlveda? ¿Qué culpa
tiene ante la historia?

Lo cierto es que lo único de lo que podemos
responsabilizarle es de no haber tenido suerte
con los «promotores de su imagen». Fue el
cronista del emperador, motivo por el que
de forma mayoritaria —incluso entre los más
estudiosos—, sus escritos se asocian con la

visión oficial de la historia, ignorando los sutiles matices de su pensamiento. Todas sus obras son tachadas de «imperialistas».

Su segunda desgracia fue la de ser recordado a destiempo. Ángel Losada, gran conocedor del latín y de la obra de Sepúlveda, editó sus diálogos durante el franquismo, lo que provocó que su pensamiento quedara excluido automáticamente de los círculos «académicos».

¿Por qué preocuparnos hoy por la figura de Sepúlveda? Sencillamente, porque su visión, y no la de Las Casas, dio lugar a más de veinte estados independientes de América. Por mucho que protesten los políticamente correctos, Juan Ginés de Sepúlveda expuso en la Controversia de Valladolid las ideas que estaban en la base de la legislación virreinal, a saber: que los indios son seres libres e iguales a los súbditos peninsulares, de ahí que la política de matrimonios mixtos fuese promovida por Isabel la Católica desde 1493 de forma constante; el acercamiento a la educación y el rechazo de costumbres como el canibalismo o los sacrificios humanos para todos los súbditos de pleno derecho, y la exigencia en el cumplimiento de sus obligaciones a la hora de trabajar o desempeñar cualquier función útil para la sociedad.

Las valoraciones simplistas que aparecen en las placas marmóreas de las instituciones y monumentos no son sostenibles. Es lamentable que ningún estudioso profundizara en la lectura de los documentos de la época para trazar las circunstancias que condujeron a la Controversia de Valladolid entre Sepúlveda y Las Casas, así como el hecho de que no se hayan estudiado las consecuencias que tuvo para el gobierno de las Indias. El enfrentamiento entre Sepúlveda y Las Casas fue un acontecimiento singular, sin duda alguna, pero no tan excepcional como algunos pretenden presentarlo. Lo verdaderamente excepcional fue la política de la Corona ideada para el nuevo continente.

Con la Controversia de Valladolid (1550) se acaba la etapa de las disputas sobre el gobierno de las Indias. Ni los colonos con sus tendencias señoriales ni los frailes con su idealismo extremo encontraron soluciones válidas para el gobierno indiano. Las cuestiones prácticas del gobierno fueron resueltas por los hombres de Estado, antes que nada, por el emperador, sus ministros y consejeros.

Los dos protagonistas de la Controversia fracasaron: Juan Ginés de Sepúlveda porque le impusieron el silencio —no logró la publicación de *Democrates alter*, aunque la obra circulaba manuscrita—, y Bartolomé de las Casas porque sus argumentos fueron utilizados como espantapájaros contra las tendencias señoriales de conquistadores y criollos —él consiguió imprimir sus tratados sin licencia, aunque la obra no fue recogida de inmediato—.

Los principios de Vitoria-Sepúlveda se aplicaron sobre el terreno gracias a la labor de destacados misioneros, juristas y teólogos. En su tratado *De procuranda indorum salute*, José de Acosta expone un plan de la evangelización en el que explica que el mejor modo de predicar la palabra de Dios es el que siguieron los apóstoles, sin armas: «quien quiera seguir, en todos sus pormenores, este método de evangelización con la mayor parte de los pueblos de este mundo occidental, por nada más debe ser condenado que por extrema estupidez, y no sin razón. La experiencia misma, gran testigo de excepción, lo ha denunciado sobradamente».

Y de esta forma niega la doctrina del pacifismo lascasiano. Acosta, que a diferencia de De las Casas misionó entre los indios, reconocía el retraso de su modo de vida y apuntaba que «es inútil enseñar lo divino y lo celestial a quien no vive ni comprende lo humano». Consideraba que su atraso solo podría ser superado mediante la educación cívica y la evangelización, por lo que se convirtió en un gran promotor de los colegios y de la alfabetización.

De las Casas perdió su influencia y su obra quedó encerrada en el archivo hasta finales del xix. Si lo analizamos con imparcialidad, De las Casas aparece como un pensador en el siglo xx, a la vez que Sepúlveda surge como un esclavista. ¿A qué se debe esta transformación? Su obra no ha cambiado, pero sí la actitud del hombre actual. Hoy no buscamos entender la época pasada, sus razonamientos y sus anhelos, sino que los tachamos de anticuados sin hacer el mínimo esfuerzo que requiere la lectura de sus obras.

DOMINGO SOTO

Domingo de Soto

Domingo de Soto (Segovia, 1495 - Salamanca, 1560) fue un religioso dominico teólogo, calificador del Santo Oficio, jurista y catedrático de Teología y Filosofía. De Soto participó en el Concilio de Trento como teólogo imperial, fue el confesor de Carlos I y formó parte de la Junta de Valladolid (1550-1551), donde se discutió sobre el trato a los indios americanos. El segoviano defendió la igualdad de los nativos con los conquistadores y la necesidad de reconocer sus derechos, en la línea de fray Bartolomé de las Casas.

De su genialidad se dio cuenta Duhem en 1910, quien atribuyó al español la formulación de la ley de caída de los graves sesenta años antes que Galileo, aplicando el término uniformemente disforme (o acelerado) al movimiento circular uniforme que solo Newton llegaría a explicar como equivalentes al movimiento de caída de una manzana en la superficie de la Tierra, o al de la Luna alrededor de la Tierra. Las afirmaciones de De Soto supusieron el paso de la abstracción matemática a la realidad física, y fueron una clave para la matematización de las leyes de la naturaleza, lo que convierte su obra en un peldaño elemental hacia la ciencia moderna.

La Escuela
de Salamanca

La mayoría de estos debates se produjeron entre expertos de la Universidad de Salamanca, de donde surgieron toda clase de teorías y pensamientos que revolucionaron diversos campos del saber.

La Escuela de Salamanca es el nombre que recibió *a posteriori* un grupo de intelectuales salmantinos y portugueses, quienes, siguiendo la estela del profesor Francisco de Vitoria, desarrollaron un impresionante y monumental conjunto teórico que desempeñó un papel fundamental en esta primera globalización del mundo.

Aunque los principales intereses de los intelectuales de Salamanca se centraron en política, teología y economía, fueron muchos los ámbitos de conocimiento abordados por estos expertos, que hicieron de la España de la época un centro de creación intelectual y científica sin parangón en Europa. En física, Domingo de Soto en su libro *Quaestiones* —sobre los ocho libros de física de Aristóteles—, *c.* 1545, asoció por primera vez la idea de movimiento uniformemente acelerado (*uniformites disformis*) con la caída de los cuerpos.

Destaca igualmente Fernán Pérez de Oliva, rector de la universidad, que en 1529 explicaba el magnetismo setenta años antes de que lo hiciera el inglés William Gilbert en el primero de sus libros. En medicina, el doctor Villalobos, médico de Fernando el Católico, elaboraba eficaces remedios para la sífilis y su propagación, al tiempo que Cosme Medina y su alumno, el doctor Collado, enumeraban los huesos del oído y determinaban la estructura del cráneo.

En Salamanca fue también donde Pedro Ciruelo publicó por primera vez un tratado de matemáticas completo en 1516. Y donde se escribió y se publicó en 1589 el libro de José de Acosta, *Historia natural y moral de las Indias* en el que aparecen dos conceptos de enorme relevancia: una teoría evolucionista sobre el desarrollo de las especies —doscientos cincuenta años antes de que Darwin teorizara sobre el tema—, y la hipótesis de la existencia de una importante corriente fría en el Pacífico, la cual sería verificada por Alexander Humboldt en el siglo XIX. Hoy dicha corriente lleva el nombre del alemán, no del español. Acosta, además, profundizó en el conocimiento de los ritos, costumbres, gobierno e historia de los indios, recabando información de primera mano.

Monumento a Francisco de Vitoria, frente al convento de San Esteban de Salamanca.

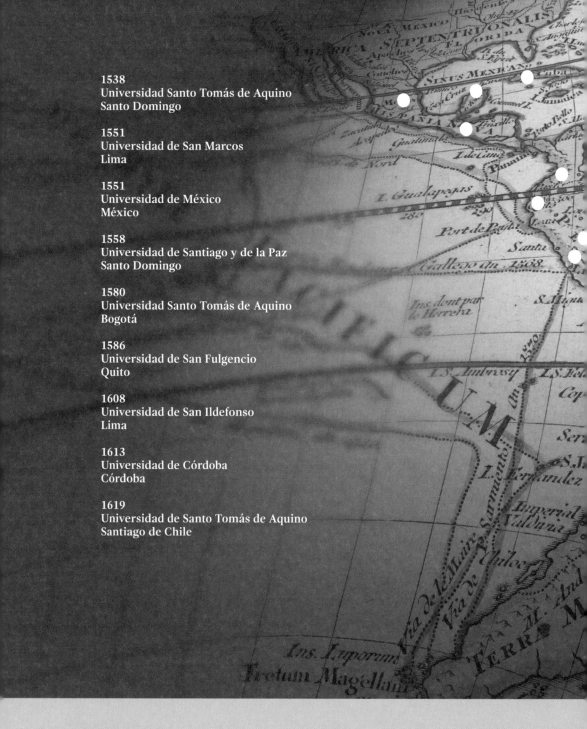

1538
Universidad Santo Tomás de Aquino
Santo Domingo

1551
Universidad de San Marcos
Lima

1551
Universidad de México
México

1558
Universidad de Santiago y de la Paz
Santo Domingo

1580
Universidad Santo Tomás de Aquino
Bogotá

1586
Universidad de San Fulgencio
Quito

1608
Universidad de San Ildefonso
Lima

1613
Universidad de Córdoba
Córdoba

1619
Universidad de Santo Tomás de Aquino
Santiago de Chile

Universidades

Cuando los ingleses fundaron Harvard, los españoles ya habían fundado diez universidades en Hispanoamérica. El proyecto imperial español siempre incluyó la expansión del conocimiento y la civilización, razón por la cual desde Santo Domingo hasta México —pasando por Bogotá, Lima, Quito, Córdoba o Santiago de Chile—, las universidades

1620
Universidad de Yucatán
Mérida

1621
Universidad de San Ignacio de Loyola
Cuzco

1624
Universidad de San Francisco Javier
Sucre

1624
Universidad de San Carlos Borromeo
Guatemala

1677
Universidad de San Cristóbal
Ayacucho

1677
Universidad de San Antonio Abad
Cuzco

1721
Universidad de Santa Rosa de Lima
Caracas

1721
Universidad de San Jerónimo
La Habana

españolas surgieron allá donde nacieron ciudades de una cierta importancia.

Había facultades mayores, en las que se estudiaba Derecho, Teología y Medicina, y menores, dedicadas a las artes y a la Filosofía. Algunas tenían cátedra de lengua indígena, obligatoria para los religiosos que enseñaban allí.

«*Surge España y se viene abajo el mundo antiguo*»

Pedro Insua

JOLANO

SAN RAFAEL
ARCÁNGEL   SAN
                           JOSÉ

SAN
FRANCISCO   SANTA CLARA
de ASÍS   de ASÍS

        SANTA
         CRUZ

         SAN
        CARLOS
       BORROMEO

    P   SAN ANTONIO
     A   de PADUA
      C
       I
        F   SAN LUIS
         I   OBISPO
          C
           O   LA
                  PURÍSIMA
              SANTA
               BÁRB

VII. La fundación de las ciudades del oeste

JUAN BAUTISTA

NUESTRA SEÑORA de la SOLEDAD

SAN MIGUEL ARCÁNGEL

SANTA INÉS

SAN GABRIEL ARCÁNGEL

SAN BUENAVENTURA

FERNANDO ESPAÑA

SAN JUAN de CAPISTRANO

SAN LUIS REY

Fray Junípero y las ciudades del oeste de Estados Unidos

«Las poblaciones indígenas de California aumentaron en el tiempo de los franciscanos, no decrecieron. Desaparecieron después, durante la fiebre del oro, concretamente en la época en la que Stanford era gobernador de California»

Elvira Roca Barea

Con la firma del Tratado de Guadalupe Hidalgo en 1848, México perdió algo más de la mitad de su territorio a manos de Estados Unidos y la situación de los indios, que habían vivido razonablemente bien hasta ese momento, cambió de forma sustancial. La organización de los indígenas que se encontraron los españoles en Norteamérica era muy distinta de la que halló Hernán Cortés en México. En el área geográfica que hoy se corresponde con Estados Unidos no había ninguna cultura autóctona que imperase sobre las demás (a la manera de los aztecas o los incas en el centro y sur del continente). En la Baja California había diversas tribus muy diferentes entre sí que funcionaban como unidades políticas independientes y autosuficientes. Sus modos de subsistencia eran diversos: algunas de ellas estaban formadas por nómadas cazadores y recolectores, mientras que otras, de carácter sedentario, se dedicaban al cultivo de productos básicos para su dieta, como el maíz, el frijol o la calabaza.

Dentro de este último grupo destacaban los indios pueblo, llamados así porque sus miembros se agrupaban en núcleos de casas hechas de piedra y adobe que los arqueólogos estadounidenses denominan «pueblos», con el vocablo en castellano. También fueron importantes los indios navajos, cuyo nombre proviene del término *navahuu*, que significa

Gerónimo y sus guerreros en las montañas de Sierra Madre, México, 1886.

«campo de cultivo en cauce seco». Las crónicas españolas de principios del XVII valoraban su habilidad para la agricultura, a diferencia de los apaches del este (divididos en diferentes grupos, como los jicarilla, los chiricaua o los mescalero), que eran más hábiles para la caza y la recolección. Se supone que empezaron a establecerse en el noroeste americano hacia el siglo XIV o el XV.

Los apaches también practicaban el saqueo. Se organizaban en grupos o bandas y eso les facilitaba una buena movilidad a la

hora de asaltar a otras tribus y después escapar con rapidez. Habitaban las zonas altas de difícil acceso y los cañones o valles montañosos, que les proporcionaban protección frente a sus enemigos. Gran parte de la historia del sudoeste estadounidense gira alrededor de los conflictos entre los apaches, los pueblo y los españoles.

Al igual que en el centro de México, en Norteamérica era común estrechar alianzas entre grupos tribales según los intereses de cada uno. Esa costumbre se mantuvo con la

Tratado de Guadalupe Hidalgo

El Tratado de Guadalupe Hidalgo, conocido oficialmente como el Tratado de Paz, Amistad, Límites y Arreglo Definitivo, es el acuerdo de paz que firmaron México y Estados Unidos en 1848. Con él se ponía fin a la guerra que había comenzado entre ambos países en 1846. Las principales consecuencias de este acuerdo fueron el establecimiento de la frontera, que se fijaba en los ríos Gila y Bravo, y la pérdida para México de más de la mitad de su territorio: los actuales estados de California, Nevada, Utah, Nuevo México, Colorado, partes de Wyoming, Kansas y Oklahoma, así como Texas —sobre la que México renunciaba a hacer cualquier reclamación en el futuro.

En el acuerdo, claramente favorable a Estados Unidos, este se comprometía a compensar a México con quince millones de dólares. Cinco años después, en 1853, Estados Unidos se anexionó además el resto de Nuevo México y el actual estado de Arizona, a cambio del desembolso de diez millones de dólares. Así fue como estos territorios, que durante varios siglos habían pertenecido al Imperio español, pasaron a ser parte de los Estados Unidos de América.

Retrato de estudio de Ta-ayz-slath, esposa de Gerónimo, y su hijo, *c*. 1884.

llegada de los españoles y muchos nativos no tuvieron reparo en establecer pactos con los nuevos colonizadores europeos. Los apaches, por ejemplo, buscaron la protección del Imperio español contra los comanches, indios de las grandes llanuras que habitaban justo en las tierras al este y con los que mantenían una antigua enemistad.

La relación entre los españoles y los nativos de Norteamérica fue casi siempre pacífica. No era raro que muchos indios hablasen español y se convirtieran al catolicismo gracias a la labor de los misioneros enviados por la Corona y a los que los indígenas permitían cruzar sus territorios. A cambio obtenían de las tropas españolas la protección contra de sus enemigos.

No obstante, para los españoles no fue una labor sencilla mantener la paz entre navajos, pueblo, apaches y otras tribus de la región, muchas de las cuales estaban enfrentadas por rivalidades ancestrales. Gobernadores como Tomás Vélez Cachupín tuvieron que hacer complicados equilibrios para mantener la convivencia. Uno de los mayores logros diplomáticos de la administración española en la región fue el acomodo de los apaches en tierras que pertenecían a otras tribus enemistadas con ellos desde hacía siglos. Más tarde, cuando el gobierno estadounidense los obligó a abandonar aquellas tierras y los confinó en reservas, contraviniendo el *statu quo* creado por los españoles, se produjeron levantamientos armados como el que protagonizó el indio Gerónimo. Tal y como explica el hispanista estadounidense Charles F. Lummis en su obra de 1893, *Los exploradores españoles del siglo XVI*: «En cuanto a su comportamiento con los indígenas, hay que

Gerónimo

Gerónimo (1821-1909) fue un indio apache de la tribu de los bendoke que nació en Arizpe, un pueblo del estado de Sonora, en la zona occidental de la Sierra Madre (México). Tanto él como sus padres estaban bautizados y hablaban español. En general, los apaches se caracterizaban por su gran habilidad como jinetes y su resistencia a la vida del desierto. Su modo de luchar estaba basado en la guerra de guerrillas y los ataques sorpresa, en los que eran especialistas —«Si los ha visto, no son apaches», como decía el personaje de John Wayne en *Fort Apache* (John Ford, 1848)—, y procuraban evitar los enfrentamientos directos. A pesar de que solían ser inferiores en número a las fuerzas mexicanas y estadounidenses, estas se veían obligadas a destinar grandes números de hombres para su persecución y vigilancia.

Los bendoke llevaban una vida sedentaria y productiva hasta que el acoso al que fueron sometidos por las autoridades estadounidenses y mexicanas a partir del siglo XIX no les dejó otro camino que dedicarse al pillaje para poder subsistir. Muchos bendoke murieron a manos del ejército mexicano, entre ellos, la madre, la esposa y los tres hijos de Gerónimo, quien a raíz de esa masacre juró venganza.

Los relatos sobre las andanzas de Gerónimo son contradictorios, y en ellos se aúnan el mito y la historia. Parece ser que pasó gran parte de su vida robando ganado en México para luego venderlo en Arizona o Nuevo México y así conseguir armas, whisky y provisiones para sus hombres. Con ellos lucharía en las guerras apaches (1861-1886) contra el ejército estadounidense. Gerónimo y sus tropas pasaron años luchando por mantenerse fuera de las reservas establecidas por Estados Unidos. En la década de 1870, los chiricahua fueron enviados a la reserva de San Carlos, en Arizona. En 1882, Gerónimo y una banda de unos sesenta hombres asaltaron la reserva y se llevaron a cientos de chiricahua a las montañas de la Sierra Madre. Esta aventura se considera como la mayor hazaña registrada de los apaches.

Para algunos, su nombre fue el símbolo de la dignidad y bravura de un pueblo sometido;

para otros, Gerónimo fue un renegado violento y alcoholizado del que no se podía esperar nada bueno. Lo más probable es que fuera un poco de ambas cosas, pero los testimonios que se recogen sobre él en *La tierra llora,* el libro de Peter Cozzens sobre las guerras indias, no lo dejan en muy buen lugar. Como muestra, bien valen estas palabras del capitán John Gregory Bourke, que participó como oficial en las guerras con los apaches y fue un gran observador de su cultura, y diría de él que era «un granuja depravado al que me gustaría estrangular».

Tras una vida de leyenda, el caudillo apache se rindió en 1886 a los estadounidenses, que habían puesto una recompensa de veinte dólares por su captura. Después de aquello fue trasladado a diferentes reservas indias hasta que se quedó en Fort Hill, Oklahoma. Allí moriría, víctima de una neumonía, a los ochenta años.

Fotogramas de *La devoción de Cervatilla Blanca, una obra actuada por una tribu de pieles rojas en América*, James Young Deer, 1910.

reconocer que los que resistieron a los españoles fueron tratados con muchísima menos crueldad que los que se hallaron en el camino de otros colonizadores europeos. Los españoles no exterminaron ninguna nación aborigen —como exterminaron docenas de ellas nuestros antepasados, los ingleses— y, además, cada primera y necesaria lección sangrienta iba seguida de una educación y cuidados humanitarios. Lo cierto es que la población india de las que fueron posesiones españolas en América es hoy mayor de la que era en tiempo de la conquista, y este asombroso contraste de condiciones y la lección que encierra respecto del contraste de los métodos, es la mejor contestación a los que han pervertido la historia».

En este sentido, es muy importante señalar la labor de las misiones franciscanas, volcadas en la convivencia y la evangelización, y especialmente la figura capital de fray Junípero Serra.

Fray Junípero fue bautizado como Miguel José Serra Ferrer. Nació en 1713 en el seno de una familia humilde y analfabeta —como la mayoría de las familias de Petra— y fue un muchacho de constitución débil pero tesón extraordinario. Nada parecía suponerle un obstáculo. Sus padres lo enviaron a la escuela de San Bernardino, de donde marchó al convento de San Francisco en Palma. Allí tomó los hábitos de franciscano a la edad de dieciséis años y adoptó el nombre Junípero, uno de los primeros seguidores del santo de Asís. También aprendió filosofía, latín y teología; conocimientos que le fueron muy útiles para, más tarde, ocupar una cátedra en la Universidad Luliana. Una vez allí, su profunda vocación misional lo llevó a dejar su tierra y marcharse a México. Llegó a Veracruz con treinta y cinco años y veinte frailes que, como él, estaban deseosos de hacer apostolado entre los indígenas. Hicieron a pie el camino de quinientos kilómetros hasta Ciudad de México, travesía muy dura que haría que fray Junípero padeciera una cojera crónica el resto de su vida.

El franciscano y sus acólitos no solo evangelizaron a los nativos, sino que también les enseñaron técnicas de agricultura, ganadería, costura o albañilería para que pudieran ser autosuficientes y no quedaran a merced de esclavistas o de patronos sin escrúpulos.

Muy pronto las misiones de fray Junípero prosperaron y acogieron a numerosas comunidades.

Después de hacerse cargo de las misiones de la Baja California expropiadas a los jesuitas por la Corona en 1767, se trasladó hacia el norte y fundó San Juan de Capistrano, un centro evangelizador donde las tribus de la región aprendieron modernas técnicas agrícolas que desconocían por completo, ya que seguían siendo cazadores y recolectores.

Para fray Junípero y sus hermanos la labor misional estaba íntimamente ligada a la defensa de los indígenas y su acervo cultural —como demuestra el interés de los franciscanos por aprender y mantener vivas las lenguas autóctonas—. Era, de hecho, habitual que muchos indios no llegaran a bautizarse y, a pesar de ello, residieran en las misiones buscando protección y enseñanzas. Por otro lado, el *Itinerario para párrocos de indios* (una suerte de manual misionero de los frailes) consideraba nulos los bautismos forzados. La libertad de elección era una condición previa para la conversión.

Uno de los más claros ejemplos de la ayuda que en estos enclaves se daba a los indígenas es el escrito que fray Junípero redactó en 1773: *Representación sobre la conquista temporal y espiritual de la Alta California*. En él, el franciscano manifiesta su preocupación por el trato abusivo que recibían los indios en algunos asentamientos a manos del gobernador Pedro Fages. Para que este no pudiera interceptar el correo con su escrito de denuncia, fray Junípero lo entregó en mano al virrey de México, Antonio María de Bucareli, a quien también pidió la destitución del gobernador. Su petición fue atendida.

Dos años más tarde veinte indígenas capturados fueron sentenciados a muerte tras un ataque a la misión de San Diego en el que murió un fraile. Fray Junípero escribió de inmediato al virrey recordándole una solicitud anterior en la que le pedía que «en caso de que los indígenas, ya fueran paganos o cristianos, me maten (a mí o a otros frailes), deben ser perdonados». Bucareli volvió a atender la solicitud del franciscano y los indígenas fueron liberados.

A lo largo de su vida, fray Junípero fundó muchas misiones en la zona oeste de Estados Unidos. Algunas de ellas, con el paso de los siglos, se convertirían en grandes ciudades que, aún hoy, siguen ostentando nombres de santos venerados por los franciscanos. Como, por ejemplo, Los Ángeles, llamada en origen Pueblo de Nuestra Señora la Reina Los Ángeles de Porciúncula; por la iglesia de Porciúncula que era una de las casas madre franciscanas en Italia. También San Diego, San Francisco, Santa Clara, Santa Bárbara o San Luis Obispo (bautizada en honor a Luis de Anjou, obispo de Tolosa, primer obispo

Leland Stanford

Leland Stanford (1824-1893), fundador de la universidad que lleva su nombre, fue un magnate y político estadounidense que llegó a la costa oeste en la época de la fiebre del oro. Stanford gobernó California entre 1861 y 1863, en pleno periodo de lo que se conoce como el genocidio de California. Esta empresa gubernamental consistía en perseguir a los indios como si fueran piezas de caza y proceder a su diáspora o exterminio.

En sus años como gobernador, Leland Stanford no solo reclutó hombres para llevar a cabo esta política sino que alentó a la población a participar de forma activa, aumentando las compensaciones que recibían todos aquellos que colaboraban en la caza y captura de los indígenas. Se calcula que en estas campañas de exterminio perdieron la vida entre 9.500 y 16.000 de ellos. En un espacio de veinte años la población nativa disminuyó de 150.000 a 30.000, víctimas de la esclavitud, el secuestro, la violación y el desplazamiento y separación de núcleos familiares enteros. Todas estas prácticas fueron diseñadas y ejecutadas por las autoridades estatales.

Fray Junípero Serra

Nacido en Petra (Islas Baleares) en 1713 y
fallecido en Monterrey, California (Estados
Unidos) en 1784. «Siempre adelante y nunca
retroceder.», este era el lema de fray Junípero,
canonizado por el papa Francisco en septiembre
de 2015. Sus padres lo bautizaron como Miguel
José, pero él escogió el nombre de Junípero
cuando tomó los hábitos, en recuerdo de uno
de los discípulos más humildes de San Francisco
de Asís. Siempre tuvo clara su vocación de
misionero, pues lo que de verdad deseaba
era evangelizar a los indios y convertirlos
al cristianismo, permiso que obtuvo de sus
superiores ya cumplidos los treinta y cinco. Tan
pronto como lo logró, tomó el primer barco

para América, donde murió a los setenta y un
años, tranquilo y satisfecho tras haber fundado
21 misiones a lo largo de la costa de la Alta
California. Uno de los hitos de su vida fue la
caminata de 4.400 kilómetros de ida y vuelta
hasta Ciudad de México con el propósito de
entregar al virrey Antonio María de Bucareli
su *Representación*, una especie de defensa de
los indios en la que se detallaban los derechos
de los indígenas «en la mejor tradición de la
Escuela de Salamanca», tal y como la describe
el periodista Jorge Bustos. Su Camino Real, que
une las misiones que fundó entre San Diego
y San Francisco, es considerado la columna
vertebral de la expansión española en California.

franciscano en ser canonizado) fueron en su origen misiones españolas. De modo que el discurso de que los anglosajones llegaron a California abriéndose paso entre poblados salvajes, primitivos y sin civilizar se ajusta muy poco a la realidad.

Fray Junípero Serra y sus seguidores dedicaron sus vidas a practicar el apostolado en un sentido civilizador, y fueron también firmes defensores de los derechos de los indios. Tal y como refleja la historiadora Catalina Font: «Fray Junípero gozó del cariño de todos ellos que lo llamaban el padre Diego. Cuando murió, los indígenas lo lloraron muchísimo y en su lecho de muerte le quitaban trocitos de ropa y le intentaban cortar un poco el cabello para llevárselos como reliquias».

Por eso, el trato que está recibiendo hoy por parte de ciertas corrientes políticas es algo que debería doler y preocupar no solo a los españoles sino a cualquier amante de la verdad. Como destaca Fernando García de Cortázar, fray Junípero fue «un hombre de su tiempo, un religioso que fundó misiones que representaron islas de cultura y piedad en la California del siglo XVIII y que más tarde se convirtieron en grandes ciudades. Sin duda, culparle a él y a los franciscanos de crueldad es una auténtica barbaridad». Al respecto de esa corriente que pretende silenciar o incluso distorsionar el legado de fray Junípero y sus misiones, presentando al franciscano como una suerte de genocida, expertos como Elvira Roca Barea apuntan a que el fin último de esta revisión histórica es de naturaleza política, ya que «alguien debe tener la culpa de la desaparición de las poblaciones indias en el oeste, y ese alguien no puede ser un blanco protestante». Y no

deja de ser irónico que le corten la cabeza a una estatua suya, que no mató nunca a otro ser humano, mientras que nadie se plantea seriamente hacer algo con el legado de Leland Stanford, que alentó la aniquilación de los indios desde su puesto de gobernador de California y cuyo nombre abandera una de las universidades más prestigiosas de Estados Unidos.

La demonización de la figura de fray Junípero y sus seguidores resulta muy adecuada para determinados *lobbies* políticos, que de esta forma eximen de culpa a los blancos protestantes, antecesores de quienes aún hoy siguen dominando la política de Estados Unidos, mientras se responsabiliza de los sucesos más luctuosos del pasado de la nación a gente «de fuera», ignorando otros hechos históricos mucho más incómodos como, por ejemplo, la aprobación de la Ley de Apropiación India ratificada por el Congreso de Estados Unidos en 1851, cuyo objetivo no era otro que el de quedarse con las tierras de los nativos para hacerle sitio a los colonos que emigraban al oeste empujados por la llamada fiebre del oro. Esta nueva legislación sería la base del modelo de «reservas», que no tardaría en mostrarse injusto e ineficaz.

Confinados en estos lugares, a menudo muy alejados de sus tierras ancestrales, los nativos norteamericanos fueron desapareciendo dolorosamente y sus cada vez más exiguas comunidades vivían en unos índices de pobreza muy superiores al de la media del resto del país. Apenas veinte años después de la creación de las reservas, la población nativa estadounidense se redujo a la mitad. Al finalizar el dominio español, en cambio, este número estaba en claro crecimiento.

Retrato de una familia nativa americana, 1897.

Las razones de dicha debacle son numerosas y por todos conocidas: unas veces no se tenía en cuenta la enemistad de unas tribus con otras a la hora de enviarlas a una reserva o bien se encontraban en terrenos a cientos de kilómetros que en nada se parecían a su lugar de origen y en los que era del todo imposible que los indios subsistieran llevando su modo de vida tradicional. Los indígenas no lograban adaptarse a la vida agrícola que el gobierno pretendía para ellos, entre otras cosas porque las tierras que se les «cedían» solían ser pésimas para el cultivo y, cuando no lo eran, tardaban poco en ir a parar a manos de los colonos, muy rápidos a la hora de reclamarlas para sí mismos. Muchos nativos morían de hambre, y otros lo hacían víctimas de enfermedades que

el hombre blanco había traído consigo y que hacían estragos en el espacio reducido de las reservas, donde los contagios se multiplicaban con más facilidad. Así fue como, poco a poco y de forma inexorable, se les arrebataron las tierras a los indígenas, y así también como la población india del suroeste de América del Norte menguó de manera dramática en un par de décadas. Las reservas fueron el desastre final para los indios y sus consecuencias llegan hasta nuestros días, pues allí siguen marchitándose sin remedio.

Marcelo Gullo explica en su libro *Madre Patria* (Espasa, 2021) que la conquista del oeste fue una clara muestra del imperialismo estadounidense porque se basó en el exterminio y segregación de los pueblos

Arriba: Misión Concepción; abajo: Misión San José, Church Parish Offices.

nativos: «Sin mestizaje no hay imperio, sino imperialismo», concluye. Señala también las prácticas abusivas, cercanas al genocidio, que sufrieron los nativos a manos del gobierno de Estados Unidos. Los colonos anglosajones pusieron en marcha acciones destinadas a incentivar la desaparición de la población india como el muy ilustrativo pago de doce libras esterlinas por cada cuero cabelludo de un indio, ya fuese hombre, mujer o niño. Una cantidad que resultaba tan atractiva, que las cacerías de indios, organizadas con caballos y jaurías de perros, se convirtieron en un negocio muy rentable. Prácticas completamente desconocidas en la América española, donde los indígenas

Arriba: Misión San Juan; abajo: Misión San José, Church Parish Offices.

gozaban del mismo amparo de las leyes que cualquier otro súbdito de la Corona.

Si en estos más de ciento cincuenta años no ha sido posible recuperar la dignidad de estos pueblos que fueron sometidos a los campos y las reservas, se debe en gran parte a la distorsión de la historia con un relato mal contado. Esta búsqueda de un culpable sin matices genera la situación en la que nos encontramos ahora y nos impide reconocer lo que somos, lo que fuimos, y construir algo mejor. El sistema de borrar una realidad, un pasado, a través de la autoexculpación cargando toda la responsabilidad de los hechos sobre otro es de una eficacia extraordinaria. Y de una injusticia absoluta.

Misiones españolas en California

Las primeras misiones en Baja California, en un territorio que en la actualidad pertenece a México, fueron fundadas por jesuitas en el siglo XVII. Sin embargo, cuando la orden fue expulsada de España atendiendo a una ley emitida por la Corona, esto afectó a la titularidad de dichas misiones. El rey Carlos III no quería dejarlas desatendidas para evitar que aquel territorio fuese expoliado por tramperos rusos, cuyas incursiones en California se habían vuelto más numerosas.

El monarca finalmente optó por otorgar la administración de las misiones a los franciscanos, quienes, además, fundaron nuevos centros de apostolado hacia el norte, en la Alta California —territorio que hoy se encuentra en Estados Unidos—. Desde la misión de San Diego, en la frontera con México, hasta la de San Francisco Solano, 966 kilómetros al norte, los franciscanos, encabezados casi siempre por fray Junípero Serra, fundaron un rosario de espacios misionales con el objeto de evangelizar a los nativos americanos. Se cuenta que los frailes sembraron el borde del sendero que los unía con semillas de mostaza para señalar su recorrido con el dorado brillante de sus flores. Esta ruta de las misiones se conoce como el

Camino Real. Para facilitar la comunicación entre ellas, las misiones nunca distaban unas de otras de más de cuarenta y ocho kilómetros, que era la distancia que podía recorrer un hombre a caballo en un día.

El proceso fundacional era idéntico en todas partes: los frailes llegaban al lugar escogido, lo bendecían y, con la ayuda de la escolta militar que siempre los acompañaba, construían los primeros refugios temporales a base de ramas y cañas. Después se erigía la iglesia y demás dependencias con ayuda de los indios, que se prestaban voluntarios atraídos por la posibilidad de unas mejores condiciones de vida. El emplazamiento debía ser propicio para que la misión pudiera autoabastecerse. Al igual que hacían los monjes europeos en la Edad Media, los misioneros buscaban zonas que contaran con un buen suministro de agua, madera para los fuegos y la construcción y campos para la ganadería y la agricultura. En estos mismos campos se plantaron por primera vez en América las semillas de especies como el naranjo, el limonero, la higuera o el olivo; todas ellas traídas desde Europa por los padres franciscanos. También las uvas, que fueron el origen de los vinos californianos cuya calidad es aún hoy día ponderada en todo el mundo.

«*Los libros de texto reflejan muy mal la historia de España*»

Luis Ribot

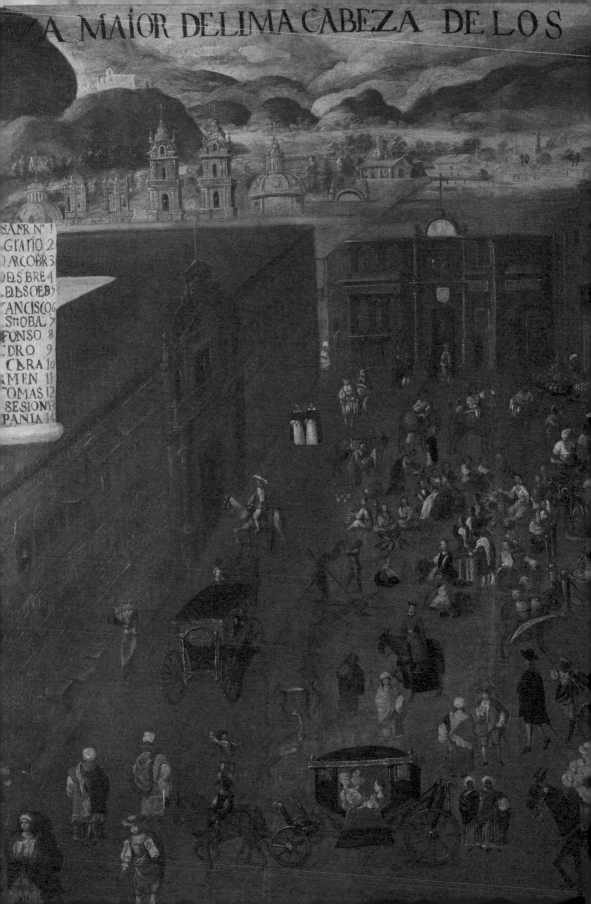

A MAIOR DE LIMA CABEZA DE LOS

SAFR N° 1
GTAÑO 2
ARCOBR 3
ODSBRE 4
DSOEB 5
ANCISCO 6
SHOBA 7
FONSO 8
DRO 9
CARA 10
MEN 11
OMAS 12
SESION 13
PANIA 14

VIII. La balcanización del Imperio

México, eje del mundo

«La guerra de Independencia no fue el final de una lucha de trescientos años. No, durante trescientos años se vivió en paz en América»

Patricio Lons

Entre los siglos XVI y XVII, ciudades tan alejadas como Lima o Sevilla, México o Madrid, se alinearon y sincronizaron de tal modo que sus costumbres y cultura eran idénticas, a pesar de que las separaba un océano. Todas ellas pertenecían al mismo reino, y en el caso de México disfrutaba además del privilegio de encontrarse en una posición estratégica en la ruta entre Filipinas y España, lo que les permitía elevarse como el verdadero puente entre Occidente y Oriente. Tal y como señala el historiador Carlos Martínez Shaw: «Hubo un momento en que la verdadera capital del Imperio español no era Madrid, era México».

Para el historiador mexicano Martín Ríos Saloma, este es un hecho que en la actualidad se encuentra desgraciadamente olvidado: «No queda nadie que tenga conciencia de que México fue el eje articulador de la economía mundial y de la importancia que tuvo la plata mexicana en la consolidación de los mercados internacionales. Y yo creo que eso podría ayudarnos a deconstruir el discurso victimista, el discurso de los conquistados que fuimos masacrados y pobrecitos de nosotros. No, al contrario».

En el origen de este desconocimiento desempeñó un papel fundamental la forma ciertamente traumática y abrupta en que España e Hispanoamérica se separaron. Los procesos de independencia en Iberoamérica durante el siglo XIX tuvieron como consecuencia la

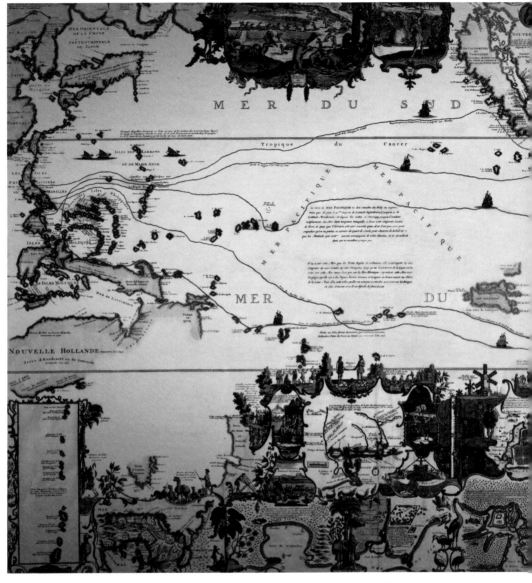

Mapa del mar del Sur y costas de América y Asia, situadas en este mar; mapa del mar del Norte y costas de

balcanización del Imperio español. Esta violenta ruptura tuvo su origen en el descontento general de las clases criollas, quienes pensaban que desde que los Borbones accedieran al trono español, se les dispensaba un trato muy inferior al que consideraban justo. La crisis nacional que estalló tras la invasión napoleónica y el tumultuoso reinado de Fernando VII, fueron hábilmente aprovechados por Inglaterra para aventar las ansias de independencia de los criollos americanos, creando una tormenta perfecta.

La consecuencia de esto fue que gran parte de esos procesos de emancipación estuvieron teñidos de un rencor a menudo injustificado hacia España, alentado intencionadamente

América, Europa y África, situadas en este mar, Nicolás de Fer, 1713.

por los ingleses, quienes movidos por sus propios intereses espurios en la zona, tutelaron estos procesos de forma apenas disimulada. La ruptura entre la España americana y la europea se produjo, por lo tanto, con unas inopinadas ansias de revancha regadas con todos los tópicos característicos de la leyenda negra.

Los sucesos reales e históricos de trescientos años de gobierno español cayeron en el olvido y fueron sustituidos por mitos y falacias. Esta falta de memoria ha llevado a situaciones tan pintorescas como la que se dio en los Acuerdos de San Andrés firmados en 1966 entre el Gobierno de México y el movimiento zapatista, en respuesta a la falta

A Campamento en la plazuela de la Recoleta de Santo
   Domingo que se estableció el dia antes de la entrada.
B Panecillo.
C Arcos triunfales que puso el vecindario.
D El comandante general Sôr. de Arredondo.
E Su ayudante D. Pedro Noriega.
F El capitan D. Fernando Barrantes, que mandaba la
   vanguardia de los pardos de Lima.
G El sargento mayor interino D. Nicolas Galup.

H S. Sebastian, en cuya ...
Y Criolla del pais.
J Ylapanga.
K Colejial de San Luis.
L Yd. de San Fernando.
M El Pichincha.
N Santo Domingo.
O Artilleria del pais recoj...
   en Latacunga.

...se puso una avanzada.

P Artilleria volante de la espedicion.
Q Pertrechos de la misma.
R Dragones de Guayaquil.
S Española del pais
T Rejidor del pais
X Indios del pais

U Pirámide que está en la calle d...
Z Batallon del Real de Lima.

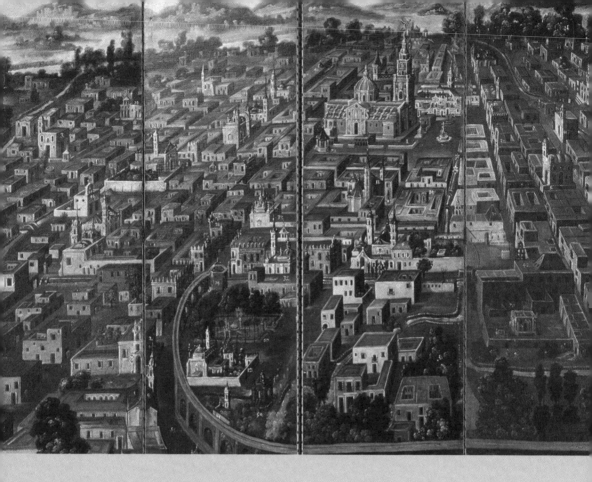

México, capital del Imperio español

Manuel Lucena Giraldo

En 1564 el humanista castellano Francisco Cervantes de Salazar, uno de los primeros rectores de la Universidad de México, establecida en 1551, se atrevió a publicar una Crónica de la Nueva España, colofón de una destacada carrera de ambición letrada e intelectual. Contra lo que podría pensarse, no se trató de un escrito dirigido a la reclamación de una centralidad y una importancia mayor todavía del virreinato de la Nueva España, al cual se había trasladado a vivir hacía tiempo. Desde luego, la «crónica» no hacía propaganda urbana contra Madrid, que hacía solamente tres años, en 1561, se había convertido en capital de la monarquía española, por decisión de Felipe II, y en consecuencia era una villa vacía,

un «no lugar» diríamos hoy, casi despoblado y por fabricar. La muy acertada elección del formidable monarca, cuyo objetivo último era mandar él y nada más que él, fue instalarse allí para gobernar el planeta. En su obra, Cervantes de Salazar tampoco embistió contra Sevilla, entonces en su edad de oro. México era el emporio de la navegación con América y muy pronto, desde la apertura por el fraile Urdaneta del tornaviaje del océano Pacífico, lo sería también con Asia. En realidad, lo que pretendió con su «Crónica» fue fundar una genealogía de ensalzamiento virreinal que acometía, en una competición nunca declarada, contra la única urbe de la triunfante monarquía española que le podía hacer algo de sombra, Lima.

Tras 1550, superado el tiempo de los conquistadores, había arrancado la colonización y por eso se debían contar los reinos de Indias de otro modo. Se hacía preciso trenzar lo político y lo cultural en una nueva marca urbana, dejar atrás narrativas suntuosas de batallas militares y hasta diplomáticas, para construir un relato virtuoso y ecuménico, una exaltación de los fragmentos integrados de manera providencial en la monarquía global de los «Felipes». Las versiones de excelencia de las ciudades hispanas establecidas durante el siglo XVI, más de doscientas, en la mayor oleada de asentamiento urbano de la historia humana, se hallan, por definición, al margen de lo que ahora llamaríamos «nostalgia indigenista». Las ruinas de la antigua Tenochtitlán de los aztecas carecen de un significado de continuidad. Lo que importa es el presente y el futuro global hispano que aparece ante quienes, junto a Cortés, han fundado el México moderno. El que de verdad existe, donde el orbe se entrecruza, mezcla y hace nuevo, «cósmico». Indígenas tlaxcaltecas u otomíes, o chichimecas, negros libres y mulatos, blancos pobres o ricos, pronto chinos, europeos de todas las procedencias, se encuentran en un proyecto interconectado e irremediable.

La fundación en 1521 de México capital como centro de la Nueva España, eje del intercambio capitalista, cultural y simbólico que vinculó Asia al occidente con Europa y África al oriente, fue una operación cuya modernidad e impacto planetario hemos olvidado, debido a las supercherías de los nacionalismos decimonónicos y las falacias actuales de las disolventes políticas de la identidad. Cervantes de Salazar no dudó en arrumbar en su obra las referencias a la Tenochtitlán azteca, para describir «la grandeza que hoy tiene la ciudad de México después que españoles poblaron en ella». Alabó la prestancia de la plaza Mayor, el tamaño del palacio, el crecido número de monasterios, iglesias, hospitales y colegios de caridad, la construcción de la majestuosa catedral.

En 1604 el manchego criollizado Bernardo de Balbuena publicó un famoso elogio en tercetos a la capital virreinal, Grandeza Mexicana, un auténtico «poema de la polis». Su pretensión de situar en México el centro —«del Nuevo Mundo la primera silla»— fue compartida por el extremeño Arias de Villalobos. Dos décadas más tarde, debido a las terribles inundaciones que asolaron la capital, se hizo necesario repensar tantas alabanzas. En 1629 fueron tan terribles que durante tres años las aguas ocuparon sus calles de continuo. A un gracioso se le ocurrió que la urbe podía ser como Venecia y en vez de calzadas tener canales, de modo que no había de qué preocuparse. Menos ocurrente, el Consejo de Indias se planteó el traslado a otro sitio que diera menos problemas. La magna obra del desagüe del valle acabó por solucionar este «defecto» geográfico y, durante el siglo ilustrado, la capital novohispana se convirtió en la ciudad de los palacios, la más opulenta y rica del hemisferio occidental. Todavía lo era en 1821, cuando se produjo la independencia del imperio mexicano, consecuencia de la crisis de disolución española que había comenzado en 1808. De ahí que su imagen borrosa, manipulada, fascinante, haya conformado los dos últimos siglos, no solo de las sucesivas repúblicas mexicanas, sino del orbe hispano global.

de atención que las poblaciones indígenas recibían por parte del Estado. En virtud de estos acuerdos, el gobierno se comprometía a respetar los usos y costumbres de esas poblaciones indígenas que, paradójicamente, eran aquellos que se habían forjado durante la etapa virreinal entre los siglos XVI y XVII. Así pues, pese a que el discurso político ha buscado de forma constante el rechazo y el enfrentamiento con el pasado español, la realidad aplicada no es otra que pervivencia de dicho legado, fruto de la labor integradora de la Corona española con respecto a las poblaciones locales.

Entre los indios había también clases sociales, igual que entre los europeos, y los españoles siempre consideraron que la nobleza india contaba tanto como la española. Hubo incas que portaron el Toisón de Oro, la más importante condecoración de Europa, pues quien lo llevaba podía hablar en nombre del rey. Los indios fueron cruciales a la hora no solo de construir el Imperio sino de mantenerlo y defenderlo frente a aquellos que intentaron traicionarlo.

El descontento general

Con la llegada de los Borbones al trono en 1700, el trato que España dispensaba a Sudamérica comenzó a seguir el modelo de una metrópoli con sus colonias, más propio de la tradición francesa que de la idea original de los Reyes Católicos de un reino común. La influencia europea no fue ajena a este cambio, pues el gobierno borbónico empezaba a imitar el modelo de otras potencias coloniales.

La política de impuestos de Carlos III unida a la decisión de colocar a españoles europeos en los puestos claves de gobierno en América provocó el descontento de los criollos americanos, que veían cómo se iban reduciendo sus parcelas de poder e influencia.

Esto rompía un pacto tácito importante entre la Corona y los criollos, en virtud del cual los niveles de mayor poder e influencia no estaban vetados a ningún súbdito del Imperio, fuera cual fuese su lugar de nacimiento. Tal y como explica con elocuencia Elvira Roca Barea, pactos de esta naturaleza constituyeron las raíces de casi todos los grandes imperios del pasado: «En el Imperio otomano, en la Sublime Puerta, la promoción social no estaba limitada a casi nadie. Entre los altos funcionarios había de todo: judíos, albaneses, griegos... En cambio, en las expansiones coloniales se ve que hay un punto a partir del cual las poblaciones locales no pueden pasar. Esta es la clave de que el Imperio español durase trescientos años. No hay otra forma de explicar que un imperio tan grande, tan distante, separado por el océano, perdurase tanto en el tiempo. ¿Por qué no se independizaron los virreinatos antes de 1808? Porque no tenían necesidad».

Cuando en el siglo XIX estallaron los procesos de independencia, los indios, los llamados pueblos originarios de lugares como Perú o Ecuador se mantuvieron, en general, fieles a la Corona y no apoyaron a los secesionistas. La aportación de capital no les afecta a ellos sino a las clases pudientes. Como señala el hispanista Patricio Lons: «La guerra de Independencia no fue el final de una lucha de trescientos años. Durante trescientos años se vivió en paz en América». Sin embargo,

Combate de una fragata española con el navío británico Stanhope, *hacia 1710,* Ángel Cortellini Sánchez.

Muerte de Velarde el 2 de mayo de 1808, Manuel Castellano, 1864.

en el imaginario colectivo, tanto Simón Bolívar como José de San Martín aparecen como libertadores de los indios y del pueblo llano. Los procesos de independencia preconizados por estos libertadores causaron terribles daños a las poblaciones indígenas. Como prueba de ello, hasta el siglo XIX el concepto de exterminio no había aparecido mencionado en las leyes argentinas, síntoma del dramático cambio de enfoque en relación con la legislación nacida en el siglo XVI, pensada en favor de los súbditos indígenas.

Marcelo Gullo se lamenta de que «hoy resulta imposible explicarle a la gente que el

famoso genocidio no existió». Por ejemplo, murieron más indios con el avance del general Roca en Argentina, durante la llamada Conquista del Desierto (1879-1885), que con la llegada de los españoles. De igual forma que en México, tras la guerra de independencia de 1821, fueron masacrados miles de indios yucatecas por oponerse a la nueva república. Este tipo de matanzas sistematizadas y amparadas por el gobierno no se produjeron durante la era de los virreinatos.

A pesar de todo, así como algunos de los que lucharon por la independencia americana lo hicieron llevados por su odio a España o dirigidos desde Londres, conviene aclarar que no fue ese el caso de Bolívar o San Martín. Ambos libertadores creyeron de corazón que la independencia era la mejor opción para Hispanoamérica, y ninguno de los dos quiso que el resultado fuera la fragmentación absoluta del Imperio. Ninguno deseaba la creación de veinte repúblicas débiles y aisladas entre sí.

La invasión napoleónica

Carmen Iglesias, directora de la Real Academia de Historia, afirma que «la guerra de 1808 no se debería llamar guerra de la Independencia porque no nos independizamos de nada. España era absolutamente independiente, y más poderosa de lo que fue Francia en toda la Edad Moderna. Pero la invasión napoleónica destruyó por completo todo lo hecho por los españoles a lo largo de los siglos XVII y XVIII. El ejército invasor arrasó cuanto pudo, como es lógico, pero el ejército aliado —los ingleses— era todavía peor, porque iba quemando todas las fábricas que hacían competencia a Inglaterra. Tuvimos en el territorio español, durante seis años, la guerra napoleónica más larga de todas en Europa. Y luego la mala suerte de que quien vino fue un Fernando VII». La mal llamada guerra de la Independencia fue una guerra de Napoleón contra el Imperio español, en América y en España, y una guerra civil entre hermanos.

Al estallar la guerra contra Napoleón se les pidió a las élites americanas que aportaran grandes cantidades de dinero para la defensa frente al invasor francés. Esta petición les resultó abusiva, pues consideraban que ya

habían contribuido con creces para garantizar la salvaguarda del reino. El agravio se hizo aún más profundo cuando, en las Cortes de Cádiz, los diputados peninsulares no reconocieron a los diputados americanos como iguales y los relegaron a un segundo plano. En Hispanoamérica no se entendía que no tuvieran el mismo derecho para opinar en asuntos políticos que los españoles peninsulares cuando Nueva España, por ejemplo, había sido el reino que más había financiado a la monarquía.

La guerra contra Francia, además, al debilitar las instituciones del gobierno de la Corona, favoreció que los criollos de Hispanoamérica empezaran a tomar conciencia seriamente de que podían, y debían, gobernarse a sí mismos. Las llamadas «juntas locales» que se formaron en Buenos Aires o Ciudad de México durante las guerras napoleónicas, con el propósito de luchar contra los franceses y defender la legitimidad de Fernando VII, fueron, paradójicamente, el perfecto caldo de cultivo para futuros organismos políticos consagrados a obtener la independencia de la Corona.

La culpa de esto fue, en gran parte de Fernando VII. Tras la invasión francesa, Inglaterra ofreció a la familia real española una escolta para su traslado hasta América, donde podrían refugiarse en Lima o México para que Fernando pudiera seguir ejerciendo como monarca con toda legitimidad. Era la misma oferta que había aceptado el rey Juan VI de Portugal, quien recibió una cálida acogida en Brasil por parte de sus súbditos americanos (su hijo Pedro sería más tarde coronado como primer emperador del Brasil). Fernando VII, sin embargo, rechazó seguir su ejemplo. Como señala Marcelo Gullo, «prefirió

Retrato de Fernando VII con uniforme de capitán general, Vicente López Portaña, *c.* 1814-1815.

ser cautivo en Europa que libre en América». Esta decisión fue vista de forma muy negativa por los criollos americanos y profundizó aún más su desapego hacia la Corona.

Mientras los súbditos de uno y otro lado morían en su nombre, Fernando VII escribía a José Bonaparte para darle la enhorabuena por su ascenso al trono español —no podía

Carga de caballería del Ejército Federal, Carlos Morel, 1830.

pensar en nadie más digno que él para reinar España—, o le pedía a Napoleón que lo tomase como hijo adoptivo. Tan cómodo se encontraba el rey español en su cautiverio a manos del emperador francés, que no dudó en denunciar ante las autoridades invasoras al agente que los británicos enviaron para ayudarlo. Tanto él como su padre, Carlos IV, se desentendieron del horror que estaban atravesando sus súbditos a ambos lados del Atlántico. Tampoco demostró gratitud alguna para con aquellos que esquivaron la muerte luchando en su nombre y que lo sacrificaron todo para lograr su vuelta. Tiempo después la encontrarían por orden del mismo rey al que defendieron. Cuando la independencia de Hispanoamérica ya era un hecho, el monarca se negó a negociar con el enviado de Bolívar. Así pues, todas y cada una de las decisiones tomadas por él contribuyeron de forma decisiva a acabar con el Imperio.

El papel de Inglaterra

«Inglaterra siempre había mirado la América española como el gato mira al canario, pero no había podido comérselo», describe, de forma gráfica, Marcelo Gullo. Ciertamente, los ingleses vieron una oportunidad de oro en la guerra de la Independencia para socavar el poderío del Imperio español, principal escollo para su política del libre comercio con América. A los británicos les convenía que de la balcanización de Iberoamérica surgiesen múltiples estados debilitados, libres de la tutela española, con los que poder establecer vínculos comerciales —a menudo mucho más provechosos para los ingleses que para estos nuevos estados—. Los gobiernos de Londres trabajaron activamente para lograr este objetivo fomentando la hispanofobia y el nacionalismo y apoyando militarmente a los libertadores insurgentes, como Bolívar y San Martín.

Esta política resultó muy fructífera para ellos. Cuando se derrumbó el Imperio español en medio de una enorme rivalidad entre los territorios que lo habían conformado (la cual fue amargamente lamentada por los propios líderes que lucharon por su independencia), surgieron nuevas naciones cuyas perspectivas económicas, lastradas por enormes deudas, eran, en el mejor de los casos, inciertas.

Un caso paradigmático tuvo lugar durante el proceso que dinamitó el virreinato del Perú: cuando José de San Martín partió de Chile para conquistar Lima lo hizo escoltado por el almirante inglés lord Cochrane, que comandaba la escuadra de las fuerzas independentistas chileno-argentinas. Una vez ocupada Lima, San Martín se apoderó del tesoro virreinal y de los fondos de bancos y cajas particulares y los embarcó en tres buques para evitar que cayeran en manos de las fuerzas realistas. Lord Cochrane aprovechó para llevarse los buques a Inglaterra. Lo mismo sucedió con los tesoros de la Real Hacienda de Buenos Aires o de Bogotá, o con la plata de la Casa Imperial de la Moneda de Potosí.

En 1825, el Reino Unido firmó con las Provincias Unidas del Río de la Plata el Tratado de Amistad, Comercio y Navegación; el primero de los pactos de naturaleza comercial que los ingleses firmarían con los nuevos gobiernos americanos como el de Perú, Colombia o

Entrada del arzobispo virrey Morcillo en Potosí, Melchor Pérez de Holguín, 1716.

México. Todos ellos desproporcionadamente favorables a los intereses británicos. La precaria situación económica de estas jóvenes naciones tras su independencia unida a estos tratados abusivos explica en gran parte por qué muchos de estos países se formaron ya endeudados, empobrecidos, sin tesoro y cada uno con su divisa sin apenas valor y en permanente devaluación. La independencia hispanoamericana fue en realidad un gran triunfo para el Imperio británico.

El momento perfecto

Han pasado dos siglos desde la desaparición del Imperio español. Para el historiador Martín Ríos Saloma «es un buen momento para que

los hispanos de ambos lados del Atlántico repensemos cómo hemos construido el discurso histórico y rescatemos nuestra historia». Reivindicar lo que aportó el Imperio español, porque la contribución a la historia de la humanidad la llevó a cabo el Imperio entero, es decir, España e Hispanoamérica de la mano, que unidas eran mucho más que la suma de las dos. Siguiendo ese espíritu, tal vez ha llegado la hora de aprovechar el impulso de la ola de voces que se levantan contra la versión oficial y tergiversada de nuestra historia, de levantar la cabeza, contestar con los hechos históricos a los mitos y la propaganda y superar la leyenda negra. Porque el mundo hispano es la respuesta a muchas de las preguntas de la globalización. Porque la historia del mundo no se puede explicar sin la historia de España.

Bolívar y San Martín

Cuando José de San Martín desembarcó en Perú en 1821 y se percató de que la gran mayoría de los indios no solo no se unían a él sino que, además, eran fieles al virrey y a la Corona, comprendió que algo ocurría. Y lo que pasaba no era otra cosa que la gran mayoría del pueblo no deseaba la independencia. San Martín, que había arriesgado su vida en la guerra contra Napoleón —como tantos otros hispanoamericanos—, intentó entonces llegar a un acuerdo con el virrey Laserna. Se presentó ante él y le hizo la siguiente propuesta: a cambio del reconocimiento de la independencia de Perú, Chile y las Provincias Unidas del Río de la Plata, se constituiría un solo Estado con ellas bajo una monarquía constitucional encabezada por un príncipe español, y cuya sede estaría en la ciudad de Lima. La idea era crear un Estado aduanero que protegiese de la competencia extranjera a la industria de ambos lados del Atlántico. Laserna pidió unos días para hablarlo con sus oficiales, entre los que se encontraba, lamentablemente, el mariscal de campo Gerónimo Valdés, que trabajaba para el gobierno británico e hizo lo posible porque este proyecto no saliera adelante. Así las cosas, frustrado el intento de reconciliación con España y de hacer causa común, el general San Martín proclamó la independencia de Perú tan solo un mes después de su conversación con Laserna.

Un año antes había sucedido algo parecido con la propuesta que llevó Francisco Antonio Zea Díaz a Fernando VII de parte de Simón Bolívar. Zea se reunió en Londres con el embajador del rey, el duque de Frías, para ofrecerle el establecimiento de una monarquía constitucional y una confederación entre los reinos de Indias y los de la península para acabar de una vez por todas con los enfrentamientos armados. Haciendo gala de su habitual necedad y cortedad de miras, el rey Fernando se negó y sirvió a los ingleses el futuro de sus súbditos en bandeja. Fracasado este intento de acercamiento con el rey para detener la guerra, Bolívar no tuvo problema en apoyarse en las fuerzas militares inglesas para vencer, cosa que hizo sin demasiadas dificultades.

Ambos libertadores lucharon contra la monarquía española pero los dos intentaron antes que triunfaran dos modelos de imperio que incluían a España en sus planes, y cuya idea de un mercado libre común dejaba fuera a Gran Bretaña. «Qué de víctimas se habrían economizado si la prudencia hubiera prevalecido», escribió San Martín sobre el fracaso de las negociaciones con Laserna. Y qué distinto habría sido el futuro de Hispanoamérica y España.

«*Ahora, más que nunca, la lucha por el pasado, es la lucha por el futuro*»

Elvira Roca Barea

Este libro y el documental del que nació constituyen una herramienta de primer nivel, rigurosa y apasionante al tiempo, que se convierte en una lección de historia que agradecen hispanos de uno y otro lado del Atlántico, hartos de tanta falsificación de nuestra historia en común y de las afirmaciones fáciles, generalizadoras de una barbarie que condena sin apelación nada menos que tres siglos de historia compartida bajo la monarquía hispánica.

De la riqueza histórica y de la verdad de los hechos que se desarrollan a lo largo de esta obra documentada y explicada por historiadores, escritores, científicos y profesionales que intervienen en ella, destacaría algunas pinceladas que quedan patentes en esta excelente descripción de imagen y palabra.

En primer lugar, algo obvio e irrebatible: la historia del mundo no puede entenderse sin la historia de España. Los españoles, la Corona española, los descubridores y conquistadores llevaron al Nuevo Mundo simplemente lo que ellos tenían: su lengua, su religión, su organización social, un *corpus* legislativo, su cultura con los valores de la civilización occidental, todo lo que eran y tenían. Ningún encuentro de pueblos diversos, de descubrimiento y de conquista es idílico o pacífico. Pero, a diferencia de otros imperios y de lo que fue la colonización mundial a partir del siglo xix, las Indias no fueron nunca colonias. A uno y otro lado del Atlántico, todos los súbditos de la monarquía española eran iguales ante el rey y tenían los mismos derechos. La monarquía hispánica fue policéntrica en sus dominios, hubo varios centros y alguno, como México, se convirtió en el verdadero eje del mundo. La universalidad fue un hecho que cambió el mundo, con sus costos y sus aciertos. El mestizaje es el gran orgullo diferenciador, contrario a todo racismo, como recuerdan muchos historiadores y escritores de ambas orillas del océano. Cuando alguien nos dice que no existen la historia ni los hechos objetivos, hay que desconfiar: nos quieren imponer su «historia» particular. Como enseñaba Hannah Arendt, el margen de desconocimiento o incertidumbre que, como todo lo humano, podemos sufrir, no justifica que se eliminen las líneas divisorias entre el «hecho, la opinión y la perspectiva e interpretación» documentada y siempre abierta a nuevos datos que puedan cambiar o matizar los hechos acaecidos.

Y también es necesario referirse a esa falacia política de «reconocimiento de culpas» –quinientos años después de acontecimientos históricos complejos–, mezcolanza política-moral-populista-victimista de nuestros tiempos. Dejando a un lado el hecho de que no es posible llegar a medir si lo negativo fue mayor que lo positivo o viceversa, nadie puede ser juez omnipotente de cosas pasadas hace siglos en contextos históricos diferentes. Como señalaba Agnes Heller, uno puede perdonar a sus enemigos, pero no puede perdonar en nombre de otros. Una vez más Arendt nos proporciona claves básicas respecto a la diferenciación entre «culpa» y «responsabilidad» (y en esta hay grados): no existen colectivamente, ambas son siempre individuales. «La culpa –sigue Arendt– tiene nombre y apellidos y es fundamentalmente individual». Existe una responsabilidad por las cosas que uno no ha hecho, «pero no existe algo así como el sentirse culpable por cosas que han ocurrido sin que uno participe activamente en ellas». La aparentemente «noble y tentadora» afirmación de que «todos somos culpables» exonera a los realmente culpables; es, en definitiva, «una declaración de solidaridad con los malhechores». Donde todo el mundo es culpable, nadie lo es. Con frecuencia –según Arendt– es un «falso sentimentalismo», metafórico y donde todo queda difuminado. El perdón, como la culpa y la responsabilidad, solo existe entre los individuos, las personas concretas, y no en un colectivo abstracto (Estado, pueblo, etc.). Las sentencias y el propio juicio, incluso cuando se trata de un grupo culpable al unísono, son uno a uno e individuales, el juicio es siempre a cada una de las personas y no al grupo como tal. Las normas legales y las morales tienen el rasgo común decisivo de que «siempre hacen referencia a la persona y a lo que la persona ha hecho». Así que debemos disculparnos o pedir perdón por nuestros propios errores o fallos individuales, no expulsar la piedad, la compasión, el reconocimiento de lo que hemos hecho mal y la cortesía de la disculpa, o las palabras de agradecimiento en su caso, ya que conviene tener en cuenta que son siempre individuales y fundamentales para la convivencia. Nada por lo que pedir perdones colectivos.

CARMEN IGLESIAS

Con la participación de

Ferran Adrià Cocinero

Ana María Carabias Torres Profesora de Historia Moderna de la Universidad de Salamanca

Jaime Contreras Catedrático emérito de Historia Moderna. Universidad de Alcalá de Henares

Natalia Denisova Historiadora

Fray Carlos Enrique Díaz Urbina Fundación Casa Serra

Catalina Font Presidenta de la Asociación Fray Junípero Serra

Antonio García-Abasolo Catedrático de Historia Moderna. Universidad de Córdoba

Rubén García Benito Todos los Tonos y Ayres

Ricardo García Cárcel Catedrático de Historia Moderna. Universidad Autónoma de Barcelona. Real Academia de la Historia

Fernando García de Cortázar Catedrático de Historia Contemporánea de la Universidad de Deusto

Manuel Gómez Lara Profesor de la Universidad de Sevilla

Ignacio Gómez de Liaño Escritor y filósofo

Alfonso Guerra Exvicepresidente del Gobierno de España

Marcelo Gullo Escritor y profesor. Universidad de Rosario, Argentina

Abigail Horro Rodríguez Todos los Tonos y Ayres

Luo Huiling Profesora de Estudios Orientales. Universidad Complutense de Madrid

Carmen Iglesias Directora de la Real Academia de la Historia

Pedro Insua Filósofo y escritor

Miguel Ángel Ladero Quesada Real Academia de Historia

Maarten Larmuseau Genetista. Laboratorio de Biodiversidad y Genómica Evolutiva. Universidad de Lovaina

Patricio Lons Periodista e historiador

Manuel Lucena Giraldo CSIC y Academia Colombiana de la Historia

Carlos Martínez Shaw Catedrático de Historia. Universidad de Santander, Barcelona y UNED

Juan José Morales Escritor y empresario

José María Moreno Martín Colecciones de Cartografía e Instrumentos Científicos y Departamento de Exposiciones Temporales del Museo Naval

Stanley G. Payne Historiador. Universidad de Columbia

Alicia Relinque Sinóloga y profesora en la Universidad de Granada

Luis Ribot Catedrático de Historia Moderna. UNED

Martín Ríos Saloma Profesor Universidad Nacional Autónoma de México

Elvira Roca Barea Escritora e historiadora. Universidad de Luxemburgo

Juan Carlos Rey Antiguo embajador de la Unión Europea

Adelaida Sagarra Gamazo Profesora titular de Historia de América de la Universidad de Burgos

Blas Sierra de la Calle Director del Museo Oriental de Valladolid

Ramón Tamames Economista y político

Nigel Townson Historiador, profesor de la Universidad Complutense de Madrid

Ricardo Andrés Uribe Parra Historiador Freie Universität Berlin

Gijs van der Ham Conservador Departamento de Historia. Rijksmuseum de Ámsterdam

Enriqueta Vila Vilar Doctora en Historia de América. Real Academia de la Historia

Créditos de las imágenes

Museo Pedro de Osma: pp. 3, 124-125, 256. Códice Boxer: pp. 19, 25. Suntory Museum of Art: pp. 26-27. López-Li Films: pp. 30-31, 32, 33, 41, 47, 85, 130-131, 174-175, 176-177, 180-181, 184-185, 189, 191, 216, 217, 218, 219. Guillermo Muñoz Vera: pp. 35. Museo Naval, Madrid: pp. 36-37 MNM-00257, pp. 54 MNM-00527, pp. 58-59 MNM-04637, pp.60-61, pp 81-82 MNM-260, pp. 83-84 MNM-01619, pp. 86 MNM-25 , pp.89 MNM-02615, pp.233. Museo de América: pp. 42, 56-57, 98, 100, 101, 103, 107, 114-115, 118-119, 126,132, 222-223, 228-229, 240-241. Museo Nacional del Prado: pp. 44-45,50, 51, 73, 92-93, 120-121, 141, 186-187, 230, 237. Basílica del Santo Niño (Cebú, Filipinas): pp. 52. Ximena Maier: pp. 62-63, 196-197. Universidad de Yale: pp. 64-65. Palacio del Senado: pp. 70-71. Retablo mayor de la Capilla Real de Granada. Pp.74-75. Universitat de Barcelona. Biblioteca de reserva: pp. 76-77. Filmoteca francesa: pp.79. Museo Regional de Querétaro: pp. 97. Biblioteca Nacional de Antropología e Historia, México: pp 104-105. Biblioteca Nacional: pp. 108, 109. Museo Bellas Artes Badajoz: pp. 110-111. Biblioteca del Palacio Real de Madrid: pp. 123, 128. Rijksmuseum: pp. 136-137, 144-145, 150-151. Erich Schilling: pp. 142. Lucas Cranach: pp. 146-147. Museo Nacional Marítimo de Londres: pp. 155. Abadía de Woburn: pp.156. National Portrait Gallery de Londres: pp.156. Biblioteca del Congreso de los Estados Unidos: pp. 158-159. Peace Palace Library, La Haya: pp. 160. © RMN-GP (Château de Versailles): pp.163. Palacio Real de Aranjuez: pp.164. Stato di Siena: pp. 170-171. Universidad de Salamanca: pp. 178. Mapa Totius Mundi Lotter, Tobias Conrad: pp. 192-193. Biblioteca Pública de Nueva York: pp.200-201. Biblioteca del Congreso Washington, D.C.: pp. 202-203. Biblioteca Pública de Denver: pp. 204-205. Rinehart, F. A. (Frank A.): pp. 206-207. Arizona Historical Society: pp.210-211. The Pacific tourist - Williams' illustrated trans-continental guide of travel, from the Atlantic to the Pacific Ocean 1877: pp. 212. Relación histórica de la vida y apostólicas tareas del venerable padre Fray Junípero Serra, escrita por Fray Francisco Palou (1787): pp. 213. Biblioteca de Standford: pp. 226-227. Museo de Historia de Madrid: pp.234-235. Museo Nacional de Bellas Artes (Argentina): pp. 238. Daniel Hernández Morillo: pp. 242. Palacio Federal Legislativo, Caracas, Venezuela: pp 243.

Imágenes de contraportada: Detalle del Biombo del Sello Real, Museo de América y detalle del cuadro Matrimonio de Martín de Loyola con Isabel Ñusta y Juan de Borja con Lorenza Ñusta de Loyola, Museo Pedro de Osma, Lima.

Este libro se terminó de imprimir el 12 de octubre
de 2022, quinientos treinta años después de que
Cristóbal Colón llegara a la isla de Guanahani,
actual isla de San Salvador, Bahamas.
En su composición se empleó la familia
tipográfica Gandhi, con el auxilio
de Ibarra Real en el título.